Wolfgang Ecke

Wer knackt die Nuss?

Wolfgang Ecke

Wer knackt die Nuss?

Boje

www.boje-verlag.de

Die Originalausgabe erschien 1987
bei Ravensburger Buchverlag Otto Maier GmbH
Innenillustrationen: Manfred Schlüter
Einbandgestaltung: init Büro für Gestaltung
Layout und Satz: Uhl + Massopust, Aalen
Gesamtherstellung: Verlags- und Medien-AG, Köln
Printed in Germany

ISBN 978-3-414-82067-9

5 4 3 2 1 11 10 09 08 07

Inhalt

Fall Nummer

1

Ein geheimnisvoller Fluggast

DIE PERSONEN:

Inspektor *Luami*
Inspektor *Su Phong*
Flugkapitän *Calby*
Die *Stewardess*
Krankenschwester *Miss Simpson*
Der Inder *Rhadani*
Der Japaner *Suponi*
Der Engländer *Chester*
Der Portugiese *Cortez*
Stimme
Anrufer

DIE SCHAUPLÄTZE:

Das Interpolbüro in Hongkong
Das Innere eines Verkehrsflugzeuges
Die Polizeistation auf dem Flughafen Bangkok

Ein Telefon klingelt, eine leise Stimme meldet sich …

Stimme: Ja?
Anrufer: Sieben!!
Stimme: Bist du bereit?
Anrufer: Ich bin es!
Stimme: Flugkarte und Ware liegen bei Sing. Die Maschine fliegt 12 Uhr 30.
Anrufer: 12 Uhr 30.
Stimme: Transport wie immer. Zwölf ist zur Abnahme auf Länge 100 bereit.
Anrufer: Alles verstanden!
Stimme: Guten Flug.
Anrufer: Danke!

Dieses merkwürdige Gespräch wurde genau 9 Uhr 42 beendet. Eine halbe Stunde später, um 10 Uhr 12, betritt eine aufgeregte junge Dame das Büro der Internationalen Polizei in Hongkong. Nach weiteren drei Minuten sitzt sie Inspektor Luami von der Interpol gegenüber …

Luami: Man sagte mir, Sie hätten eine wichtige Mitteilung zu machen, Miss …?
Miss: Ich bin Gloria Simpson und arbeite als Sekretärin im Englischen Hospital … Ich weiß nicht, ob meine Mitteilung sehr wichtig ist. Mir scheint sie jedoch äußerst geheimnisvoll zu sein; ich habe mir so meine eigenen Gedanken darüber gemacht.
Luami: Bitte erzählen Sie, Miss Simpson …
Miss: Vor einer halben Stunde wollte ich meine Freundin Kathrin anrufen … Wir arbeiten zusammen auf der glei-

chen Station ... Ich hebe also den Hörer ab ... ja, da wurde ich Zeuge eines merkwürdigen Gesprächs ...

Luami: Zwischen zwei anderen Teilnehmern?

Miss: Ja, es waren zwei Männer ... einer fragte, ob der andere bereit sei ... Und dann sagte er, dass die Flugkarte und die Ware bei Sing liege.

Luami: (nachdenklich) Bei Sing? Sie haben sich nicht verhört?

Miss: Nein, nein ... warten Sie einen Augenblick ... Ich habe mir nämlich ein paar Notizen gemacht ...

(Miss Simpson kramt aufgeregt in ihrer Handtasche. Endlich hat sie gefunden, was sie sucht.)

Miss: Hier ... er sagte ferner, dass die Maschine 12 Uhr 30 fliege. Der Transport sei wie immer und zwölf sei zur Abnahme auf Länge 100 bereit ... Dann war Schluss ... Ist das nicht merkwürdig?

Luami: Sie haben recht, Miss Simpson.

Miss: Das war doch kein Telefongespräch, wie es normalerweise üblich ist.

Luami: Ich will noch einmal wiederholen: Der eine sagte zu dem anderen, dass die Maschine um 12 Uhr 30 fliege, dass der Transport wie immer erfolge und dass zwölf zur Abnahme auf Länge 100 bereit sei. War es so richtig?

Miss: Ja, so war es, Herr Inspektor.

Luami: Noch eine Frage, Miss Simpson: In welcher Sprache unterhielten sich die beiden Männer?

Miss: Sie sprachen Englisch. Aber der Mann, der den Flug antreten soll, war bestimmt kein Engländer. Er sprach mit einem sehr harten Akzent ...

Luami: Hm ...

Miss: Was halten Sie von der Angelegenheit, Inspektor? War es richtig, dass ich mich bei Ihnen gemeldet habe?

Luami: Wir sind Ihnen sehr zu Dank verpflichtet, Miss Simpson. Es war auf alle Fälle richtig. Im Vertrauen – wahrscheinlich handelt es sich hier um Rauschgiftschmuggel.

Nachdem Miss Simpson das Büro der Internationalen Polizei verlassen hat, ruft Inspektor Luami seinen Assistenten Wang. Zunächst studierten sie gemeinsam den Flugplan, um festzustellen, welche Maschinen um 12 Uhr 30 vom Flughafen Hongkong starten. Dann beugt sich Inspektor Luami über eine Weltkarte … Eine Weile sucht er, leise vor sich hin murmelnd, und plötzlich ruft er überrascht aus:

Luami: Aha, damit dürfte alles klar sein. Drei Maschinen verlassen 12 Uhr 30 Hongkong. Eine davon fliegt direkt nach Bangkok. Bangkok wiederum liegt unmittelbar neben dem 100. Längengrad. Das heißt also, dass unser Mann seine Ware in dieser Maschine zu befördern gedenkt … Wang, verständigen Sie sofort das Interpolbüro in Bangkok und besorgen Sie mir eine Flugkarte für diese Maschine.

Wang: Sofort, Inspektor!

Wie auf jedem großen internationalen Flughafen herrscht auch in Hongkong hektische Betriebsamkeit. Ein buntes Völker- und Sprachengemisch bestimmt die Atmosphäre. Es gibt zwar viele Europäer dort, doch die Asiaten sind in der Mehrzahl. Zwanzig Minuten vor 12 Uhr betritt auch Inspektor Luami die große Wartehalle. Er weiß inzwischen, dass die betreffende Maschine der British European Airways Corporation gehört und dass sie von Tokio kommt.

Um 12 Uhr 14 wird der Flug aufgerufen …

Stewardess: (mit Hall) Wir bitten die Passagiere des Fluges 786 nach Bangkok zum Ausgang C. Planmäßiger Abflug 12 Uhr 30 … Ich wiederhole: Die Passagiere des Fluges 786 nach Bangkok werden zum Ausgang C gebeten.

Auch Inspektor Luami geht zum Ausgang C. Niemand fällt es auf, wie genau er alles beobachtet. Nichts entgeht ihm, nichts bleibt ihm verborgen.

Es sind nur wenige Fluggäste, die nach Bangkok wollen. Einige Passagiere haben den Kontrollschalter schon vor ihm passiert. Luami nickt kurz und unauffällig einem der Zollbeamten zu, doch der schüttelt kaum wahrnehmbar den Kopf …

Pünktlich 12 Uhr 30 rollt die Maschine zur Startbahn. Luami hat es sich bequem gemacht und betrachtet interessiert die Bilder eines Journals … 38 Passagiere hat er gezählt … Einer unter diesen 38 muss ein Rauschgiftschmuggler sein … Wenig später hat die Maschine ihre vorgeschriebene Flughöhe erreicht. Über den Bordlautsprecher meldet sich die Stewardess:

Stewardess: Guten Tag, meine Damen und Herren. Im Namen von Kapitän Calby begrüße ich Sie an Bord unserer Maschine.
Wir fliegen in einer Höhe von 6000 Meter und mit einer Geschwindigkeit von 800 Kilometer pro Stunde. Wir wünschen Ihnen einen angenehmen Flug.

Als kurz darauf die Stewardess den Mittelgang betritt, erhebt sich Luami. Mit der Miene eines Mannes, der zum ersten Male in seinem Leben fliegt und davon tief beeindruckt ist, fragt er mit einem treuherzigen Augenaufschlag:

Luami: (bieder) Verzeihung, ich möchte Sie gern etwas fragen.

Stewardess: Ja, bitte, mein Herr?

Luami: Wissen Sie, ich bin noch nie geflogen ... und wo ich doch ein leidenschaftlicher Amateurfotograf bin, wollte ich Sie fragen, ob ich nicht mal vorn in der Pilotenkanzel eine Aufnahme machen dürfte ...

Stewardess: Nun, gern sieht es Kapitän Calby nicht .... Na, kommen Sie, wir wollen mal sehen, ob er Ihnen zuliebe eine Ausnahme macht ...

Luami: (freudig) Ich bin Ihnen sehr dankbar ... wirklich ...

Stewardess: Vergessen Sie nur nicht Ihren Apparat ...

Luami: Sie haben recht ... (seufzt) Ja, man wird eben doch langsam alt ...

Luami tut sehr aufgeregt, als er aus seiner Aktentasche eine Kamera hervorholt und dann eifrig hinter der Stewardess her marschiert ... Doch kaum hat sich die Tür hinter den beiden geschlossen, als Luami wieder Inspektor Luami ist. Wie weggeblasen ist sein kindisches Gehabe. Verdutzt schaut ihn die Stewardess an. Bevor sie jedoch Flugkapitän Calby eine Erklärung geben kann, spricht Luami schon ...

Luami: Entschuldigen Sie zunächst, mein Fräulein, wenn ich Sie ein wenig hinters Licht geführt habe. Aber es war leider eine dringende Notwendigkeit. Erlauben Sie, ich bin Inspektor Luami von der Internationalen Polizei in Hongkong.

Stewardess: (verblüfft) Ah ...

Calby: Angenehm. Ich bin Kapitän Mack Calby. Ich nehme an, dass dieser Flug für Sie keine Urlaubsreise ist.

Luami: Erraten, Kapitän Calby. An Bord dieser Maschine befindet sich mit größter Wahrscheinlichkeit ein Rauschgiftschmuggler.

Calby: Kennen Sie ihn?

Luami: Nein, noch nicht. Nur zwei Tatsachen sind mir bekannt. Erstens, dass es ein Mann ist, und zweitens, dass er erst in Hongkong zugestiegen ist.

Stewardess: (erstaunt) Aber wir haben in Hongkong nicht sehr viele Zusteigegäste gehabt, Herr Inspektor ...

Luami: Stimmt. Das klärt die Angelegenheit zwar nicht auf – aber es vereinfacht sie ... Kann man von hier aus unbeobachtet einen Blick in die Maschine ... ich meine in den Passagierraum werfen?

Stewardess: Das geht, ja ...

Luami: Dann zeigen Sie mir jetzt doch bitte einmal, welche männlichen Fluggäste in Hongkong zugestiegen sind!

Stewardess: Wenn Sie bitte hierher treten wollen ... In Hongkong sind außer vier Männern nur Frauen und Kinder zugestiegen ...

Luami: Und wer sind diese vier Männer?

Stewardess: (senkt Stimme) Zum Beispiel die beiden Herren, die dort nebeneinandersitzen und rauchen.

Luami: Scheinen beide Engländer zu sein?

Stewardess: Nur der eine. Angeblich ein Kaufmann in Elektroartikeln. Der andere ist ein Portugiese. Ein Weinhändler aus Porto. Sie sind beide schon des Öfteren mit uns geflogen.

Luami: Kennen Sie die Namen der beiden?

Stewardess: Der Engländer ist ein Mister Chester. Der Portugiese heißt Cortez.

Luami: Aha ... Und wer sind die beiden anderen?

Stewardess: Der Japaner, der Ihnen gegenübersitzt ...

Luami: Der mit dem Stock?

Stewardess: Ja. Sein Name ist Suponi. Auch ihn habe ich schon mehrere Male in unserer Maschine gesehen.

Luami: Seinen Beruf kennen Sie nicht?

Stewardess: Tut mir leid, damit kann ich leider nicht dienen. Er macht immer einen sehr verschlossenen Eindruck ... Der vierte Mann sitzt direkt hinter dem Japaner.

Luami: Anscheinend ein Inder?

Stewardess: Ganz recht. Sein Name ist Rhadani.

Luami: (anerkennend) Sie sind ja das reinste Lexikon. Wenn Sie mir jetzt noch sagen, wer von den vieren nur bis Bangkok fliegt, dann haben wir unseren Mann.

Stewardess: Das kann ich!

Luami: (drängend) Nun, spannen Sie mich nicht unnötig auf die Folter.

Stewardess: Ich glaube, dass ich Sie enttäuschen muss. Alle vier fliegen nämlich bis Bangkok.

Luami: (enttäuscht) Schade ... Aber andersherum wäre es wohl zu schön und zu einfach gewesen ... (seufzt) Ich werde jetzt wieder auf meinen Platz zurückgehen und ein wenig den Naiven spielen.

Calby: Können wir Ihnen denn gar nicht behilflich sein, Inspektor?

Luami: Vorläufig nicht, Kapitän. Auf alle Fälle werde ich meinen Belichtungsmesser hierlassen, damit ich einen Grund zum Wiederkommen habe.

Calby: Glauben Sie, dass der Mann bewaffnet ist?

Luami: Das wäre durchaus möglich. Vorsicht ist in jedem Fall geboten.

Calby: Was werden Sie als Nächstes tun?

Luami: Das kann ich Ihnen nicht im Voraus sagen, das hängt von der Situation ab. Bis auf Weiteres sind für mich alle vier verdächtig. Dieser Engländer Chester, der Portugiese Cortez, der Inder Rhadani und der Japaner Suponi.

Mit zufriedenem Gesicht kehrt Inspektor Luami wieder an seinen Platz zurück. Treuherzig wendet er sich dem Japaner Suponi zu, der mit verschlossenem Gesicht nur einen halben Meter von ihm entfernt sitzt:

Luami: Ich glaube, dass es eine ausgezeichnete Aufnahme wird ... Haben Sie schon einmal einen Blick in die Pilotenkanzel geworfen?

Suponi: Nein. Ich interessiere mich nicht für technische Dinge.

Luami: Oh, dann sind Sie wohl Künstler?

Suponi: (kurz) Ich bin Lehrer.

Luami: Ein schöner Beruf. Was unterrichten Sie denn? Geschichte?

Suponi: Nein, Musik.

Luami: Dann verstehe ich, dass Sie nicht an technischen Dingen interessiert sind. Aber wenn man so eine Flugzeugarmatur sieht, ist man wirklich überwältigt. Wie kann ein Mensch nur so viele Geräte auf einmal im Auge behalten.

Suponi: (spöttisch) Wie Sie sehen, ist es zu erlernen.

Luami: Hm ... aber nachts muss es doch unheimlich sein, wenn ringsherum nur dunkle Nacht ist ... Sind Sie schon einmal nachts geflogen?

Suponi: Ich bin noch nie geflogen. Es ist heute auch mein erster Flug.

Luami: (lebhaft) Ach ... Ist Ihnen dann auch so feierlich zumute wie mir?

Suponi: Nein, allerdings nicht.

Luami: (mitleidig) Dann haben Sie sicher große Schmerzen.

Suponi: (überrascht) Schmerzen? Warum sollte ich Schmerzen haben?

Luami: Nun, ich dachte nur, weil Sie am Stock gehen ...

Suponi: Ich leide an geschwollenen Beinen und kann leider nicht ohne Stock gehen ... Ohne Stock käme ich nur wenige Meter weit ...

Luami: Furchtbar ...

In diesem Augenblick mischt sich der Inder Rhadani in die Unterhaltung. Er hat eine sehr harte Aussprache.

Rhadani: Entschuldigen Sie bitte, wenn ich mich in ihr Gespräch mische. Meine Schwester litt jahrelang unter geschwollenen Beinen. Es gibt da ein gutes Mittel ...

Luami: Sie kommen sicher aus Indien?

Rhadani: Ja. Mein Name ist Rhadani.

Luami: Angenehm. Ich heiße Soosi ... Ihr Mittel ist sicher ein altes indisches Hausmittel?

Rhadani: O nein, ich bekam es vor längerer Zeit von einem Chinesen ... Man kocht zwei Hände voll Maulbeerbaumblätter aus und tränkt dann ein Tuch mit dem Sud. Wenn man vierzehn Tage lang Umschläge damit macht, sind die Beschwerden behoben.

Luami: Na, was sagen Sie jetzt?

Suponi: Besten Dank. Ich werde Ihren Rat bei Gelegenheit befolgen.

Luami: Sie sagten, Sie hätten den Rat von einem Chinesen. Waren Sie einmal in China?

Rhadani: Nein. Dieses Rezept gab mir ein chinesischer Flüchtling, den ich in Hongkong kennengelernt habe.

Luami: Wohnen Sie in Hongkong?

Rhadani: Nein, in Kalkutta. Ich bin nur ab und zu geschäftlich in Hongkong ...

Luami: Sie haben sicherlich einen interessanten Beruf?

Rhadani: (misstrauisch) Warum fragen Sie?

Luami: Oh, nur so. Ich bin nämlich von Natur aus ein bisschen neugierig, hahahaha!

Rhadani: (kalt/zurechtweisend) Eine sehr schlechte Eigenschaft ... Allzu große Neugier kann unter Umständen sogar sehr gefährlich werden.

Luami: (lachend) So neugierig bin ich nun wieder nicht. Aber ich lebe vom Geschichtenschreiben, und da muss man schon ab und zu ein bisschen mehr als üblich fragen.

Rhadani: Und zu Ihren Geschichten machen Sie wohl auch selbst die Bilder?

Luami: Wenn es sich gerade ergibt, ja. Ein Meisterfotograf bin ich zwar nicht ... Sehen Sie, wir fliegen durch eine Wolkenbank, die möchte ich gern fotografieren ...

Rhadani: (wütend) Unterlassen Sie das!

Luami: Was haben Sie denn? Ich wollte doch nur durchs Fenster fotografieren.

Rhadani: Ich liebe es nicht, von Fremden fotografiert zu werden.

Luami: Sie irren sich. Von Ihnen wäre höchstens ein halbes Ohr mit aufs Bild gekommen

Rhadani: Entschuldigen Sie bitte, wenn ich ein wenig heftig war.

Luami: O bitte, ich bin nicht empfindlich ... Ich war mal in einer Opiumhöhle, da wollte sich auch keiner fotografieren lassen.

Stewardess: Möchten Sie Kaffee oder Tee?

Luami: (freudig) Hm, wenn Sie so fragen – Kaffee wäre mir lieber ...

Stewardess: Bitte! Und Sie?
Rhadani: Nichts!
Luami: (schlürft genießerisch) Ausgezeichnet, der Kaffee, ganz ausgezeichnet …

Die nächsten zehn Minuten bringt Inspektor Luami damit zu, seinen Kaffee zu trinken und Kekse zu essen. Dabei überlegt er angestrengt, wie er mit den beiden Herren Chester und Cortez ins Gespräch kommen könnte!

Plötzlich hat er einen Einfall! Fünf Minuten später setzt er ihn in die Tat um.

Unauffällig greift Inspektor Luami von der Internationalen Polizei nach seiner Dienstpistole.

Er erhebt sich und schlendert nach hinten. Im Vorbeigehen wirft er einen Blick auf Chester und Cortez, die sich anscheinend über ein äußerst interessantes Thema unterhalten. Sie sprechen jedoch so leise, dass Inspektor Luami kein Wort verstehen kann. So schlendert er mit harmlosem Gesicht weiter und verschwindet im Waschraum.

Das Einzige, was er mit Befriedigung feststellen kann, ist, dass die meisten Passagiere mit sich selbst beschäftigt sind.

Luami verlässt den Waschraum wieder und kehrt an seinen Platz zurück!

Als er neben Chester und Cortez ist, verhält er den Schritt … Er beugt sich ganz plötzlich nach vorn, ein am Boden liegender Gegenstand scheint seine Aufmerksamkeit erregt zu haben. Cortez und Chester schauen verwundert auf Luami, der sich in diesem Moment blitzschnell bückt …

Als er sich wieder aufrichtet, fahren die beiden Herren entsetzt zurück. Wie hypnotisiert starren sie auf den Lauf einer drohend auf sie gerichteten Pistole.

Chester: (entsetzt) Was ... was ... was soll das?
Cortez: (ebenso) Ein Überfall ...
Luami: (harmlos) Verzeihung, ich wollte die Herren nicht erschrecken ... Gehört Ihnen die Pistole?
Cortez: Mir? Wie kommen Sie darauf?
Luami: Sie lag unter Ihrem Sitz.
Cortez: Unter meinem Sitz?
Luami: Ganz recht ...
Chester: (ängstlich) Fuchteln Sie doch nicht so damit herum ... das Ding könnte losgehen.
Luami: Ah, dann gehört Ihnen also diese Waffe.
Chester: Wieso mir?
Luami: Wieso sollten Sie sonst wissen, ob sie geladen ist.
Chester: (zornig) Zum Kuckuck, ich habe keine Ahnung, ob sie geladen ist oder nicht. Ich habe dieses Schießeisen noch nie gesehen ...
Cortez: Und ich auch nicht ...
Luami: (ruft laut) Hallo, mein Fräulein ...
Stewardess: Ja, bitte ...
Luami: Würden Sie bitte diese Kanone an sich nehmen. Sie lag unter dem Sitz dieses Herrn. Angeblich gehört sie jedoch niemand ... Vielleicht hat sie einer der letzten Fluggäste verloren.
Stewardess: Ich bringe sie dem Flugkapitän ...
Chester: Und mir bringen Sie bitte einen doppelten Whisky.
Stewardess: Sofort, Mister Chester ...
Chester: Sie haben vielleicht eine Art, jemand das Gruseln beizubringen.
Luami: Es war nicht meine Absicht, Sir, ich bitte nochmals um Entschuldigung ... wenn es den Herren recht ist, lade ich sie dafür in Bangkok zu einem Versöhnungstrunk ein.

Cortez: (misstrauisch) Woher wissen Sie denn, dass wir nur bis Bangkok fliegen?

Luami: Das nehme ich an ... ich fliege nämlich auch nur bis Bangkok ...

Chester: (reserviert) Ich für meinen Teil muss Ihre Einladung leider ablehnen. Ich werde erwartet.

Luami: Schade ... Und wie steht es mit Ihnen?

Cortez: Tut mir leid. Ich habe in Bangkok dringende Geschäfte zu erledigen.

Luami: Ich habe fast das Gefühl, dass mir die Herren noch böse sind ... Dann ist es wohl besser, wenn ich mich zurückziehe ...

Chester: (spitz) Bitte, lassen Sie sich nicht aufhalten ...

Luami kümmert sich wenig darum, dass Chester und Cortez ihm wenig freundlich nachblicken. Aufseufzend lässt er sich auf seinen Sitz fallen und greift gelangweilt nach seiner Zeitung.

Auch der Japaner Suponi, der ihm gegenübersitzt, blättert in einer Zeitung.

Der Inder Rhadani, der Mann, der sich nicht fotografieren lassen wollte, schläft, oder tut er nur so? ...

Nach ungefähr einer halben Stunde springt Luami auf. Er tastet alle seine Taschen ab, schüttet den Inhalt der Aktentasche auf den Sitz und untersucht zu guter Letzt noch die Umgebung seines Platzes.

Verzweifelt kratzt er sich hinter dem Ohr. Dann geht er entschlossen auf die Pilotenkabine zu. Er klopft zweimal, ohne sich um die missbilligenden Blicke zu kümmern; dann tritt er ein.

Der Flugkapitän wendet sich kurz um.

Calby: Hallo, Inspektor ... Sie machen ja schöne Sachen ...

Jetzt betritt auch die Stewardess die Kabine. Inspektor Luami wendet sich ihr mit einem freundlichen Lächeln zu.

Stewardess: (vorwurfsvoll) Sie haben mir mit Ihrem Pistolentrick einen schönen Schrecken eingejagt. Zuerst dachte ich wirklich, Sie wollten auf die beiden schießen.

Luami: (scheinheilig) Aber, aber ... mache ich tatsächlich einen so furchterregenden Eindruck?

Calby: Unsere liebe Ann liest zu viel Kriminalromane ... Haben Sie was herausbekommen, Inspektor?

Luami: Formulieren wir es vorsichtig: ich habe einen Verdacht. Aber das will nicht viel heißen. Verdächtig sind sie alle vier – nach wie vor.

Calby: Können wir jetzt etwas für Sie tun?

Luami: Ja, Käpten. Deswegen bin ich auch gekommen. Ist es Ihnen möglich, mit der Bodenstation in Bangkok Verbindung aufzunehmen?

Calby: Ja, wir stehen bereits in Funkverbindung ...

Luami: Ich möchte gern, dass die Bodenstation dem Interpolbüro in Bangkok eine Nachricht übermittelt.

Calby: Okay! Haben Sie den Text?

Luami: Hier, bitte!

Calby: (laut lesend) ›Inspektor Luami an Büro Bangkok. Lande 15 Uhr null vier Bangkok. Mit gleicher Maschine und Endziel landen vier Männer mit Namen Chester, Cortez, Rhadani und Suponi. Reisegepäck ist genauestens zu überprüfen. Männer unter Vorwand festhalten. Luami!‹ War es so richtig?

Luami: Genau. Es spricht für Sie, dass Sie meine fahrige Handschrift entziffern können.

Calby: Sollen wir den Text verschlüsseln?
Luami: Ist nicht nötig, da unser Mann weder gewarnt werden noch türmen kann ... Inzwischen werde ich noch ein paar Zähne lockern ...
Calby: Viel Vergnügen! Wir geben den Text sofort durch.
Luami: Besten Dank ... Übrigens, halten Sie es für eine normale Reaktion, wenn sich jemand nicht fotografieren lassen will?
Calby: Ehrlich gesagt, nein ...
Luami: Danke, das wollte ich gern noch wissen.

Als Inspektor Luami an seinen Platz zurückkehrt, lässt er vergnügt seinen Belichtungsmesser an der Kette pendeln. Harmlos lächelnd erwidert er den misstrauischen Blick, den ihm der Inder zuwirft. Auch Suponi mustert ihn kurz.

Rhadani: Nun, haben Sie wieder neues Material für eine neue Geschichte?
Luami: Sie sind ein Schelm, Mister Rhadani. Soll ich eine Geschichte über meine eigene Vergesslichkeit schreiben?
Rhadani: (spöttisch) Es wäre etwas Neues ...

Luami tut, als sei er gekränkt, und lehnt sich in seinem Sitz zurück. Zehn Minuten später sieht er, wie sich der Inder erhebt und zum Waschraum geht. Sofort beugt sich Inspektor Luami zu Suponi hinüber und fragt mit gedämpfter Stimme:

Luami: (gedämpft) Ein unangenehmer Mensch, dieser Rhadani, finden Sie nicht auch?

Suponi: Ich habe nicht zugehört ...

Luami: Was ich Sie fragen wollte: Sind Sie schon lange Musiklehrer?

Suponi: ... was meinen Sie?

Luami: Ich fragte, ob Sie schon lange Musiklehrer sind?

Suponi: Mehrere Jahre ...

Luami: Ich kannte mal einen Sing, der war auch Musiklehrer ...

Suponi: Sieh mal an ... Ein Zeichen, dass es eine Menge Musiklehrer gibt.

Luami: In der Tat. Sagen Sie, wenn Sie ohne Stock nicht laufen können, ist der Beruf eines Lehrers da nicht sehr beschwerlich? Vor allem eines Musiklehrers ...

Suponi: Ich habe einen Rollstuhl ...

Luami: Aha, sicher einen mit Violinschlüssel?

Suponi: (erregt/heiser) Vielleicht, vielleicht auch nicht. Müssen Sie denn pausenlos reden und fragen? Hat Ihnen noch niemand gesagt, dass das unhöflich ist?

Luami: (zerknirscht) Sie haben recht ...

Stewardess: (über Lautsprecher) Meine Damen und Herren. Wir bitten Sie, sich anzuschnallen und das Rauchen einzustellen. Die Maschine landet in Kürze in Bangkok.

Luami: Na endlich ...

Stewardess: Ich wiederhole: Bitte schnallen Sie sich an und stellen Sie das Rauchen ein. Die Maschine wird in wenigen Minuten in Bangkok landen. Danke!

Pünktlich wie vorgesehen, um 15 Uhr und vier Minuten, setzt die schwere Maschine zur Landung an und rollt aus.

Inspektor Luami wendet sich wie die anderen dem Ausstieg zu ...

Luami: (empört) Nanana ... Sie können doch nicht einfach ...
Chester: Verzeihung ...
Luami: Mister Chester ... immer der Reihe nach ...
Chester: Tut mir leid, mein Herr, aber ich habe es sehr eilig ... Ich sagte Ihnen ja, dass ich erwartet werde ...
Luami: (mault) Manieren sind das ... Manieren.
Rhadani: Schreiben Sie doch eine Geschichte darüber.
Luami: Das werde ich auch tun, Mister Rhadani. Verlassen Sie sich drauf. Und es wird keine angenehme Geschichte ...

Eine Viertelstunde später. Luami wartet in der Zollinspektion auf seinen thailändischen Kollegen Su Phong ...

(Die Tür wird aufgerissen)
Luami: Hallo, Su Phong ... wie stehen die Aktien?
Su Phong: Nichts! Wir haben das Gepäck von Chester, Cortez und Rhadani untersucht. Keine Spur von Rauschgift.
Luami: (verwundert) Und was ist mit dem Japaner Suponi?
Su Phong: Der hat kein großes Gepäck. Und das Handgepäck haben wir ja noch nicht kontrolliert.
Luami: Ich bin überzeugt, dass auch im Handgepäck nichts zu finden ist.
Su Phong: Raus mit der Sprache, Luami. Sie wissen doch sicher, wer der Bursche ist ...
Luami: Hm ... auf alle Fälle hat der Mann das Rauschgift am Körper versteckt ... es gibt da ja so allerhand Möglichkeiten ... Wo erwartet uns denn die Gesellschaft?
Su Phong: Drüben in der Polizeistation ...
Luami: Dann mal los. Sie werden uns sicherlich allerhand zu sagen haben.
(An der Tür ein leises Klopfen)

Su Phong: Herein!

(Die Tür öffnet sich, herein tritt die Stewardess)

Luami: Oh, unsere reizende Stewardess ...

Stewardess: Man sagte mir, dass Sie hier zu finden seien, Herr Inspektor. Dieser Mister Suponi hat aus Versehen seinen Stock liegen gelassen, sollten Sie ihn noch sehen, dann ...

Luami: Mache ich ... Besten Dank auch.

Stewardess: (neugierig) Wissen Sie eigentlich schon, wer der Rauschgiftschmuggler ist?

Luami: Ich bin gerade dabei, dem Betreffenden einen Besuch abzustatten ...

Wenig später treffen Inspektor Luami und sein thailändischer Kollege Su Phong in der Polizeistation ein. Bei den vier festgehaltenen Herren herrscht alles andere als eine Feststimmung.

Chester: (aufgebracht) Hallo, das ist doch der schießwütige Herr aus dem Flugzeug. Hat man Sie auch festgehalten?

Luami: Nein, ich kam freiwillig. Wer verzichtet schon gern auf so nette Gesellschaft ...

Rhadani: Er scheint wieder auf der Suche nach einer neuen Geschichte zu sein.

Luami: Sie haben recht, Mister Rhadani ... Also, meine Herren, es tut mir leid, wenn man Sie ein bisschen festgehalten hat ... oh, Mister Suponi – Ihr Stock ... ja, was wollte ich sagen ... ach so, ja, festgehalten ... Ich war der Übeltäter, der das veranlasst hat.

Cortez: Sie?? Wollen Sie uns schon wieder bedrohen?

Luami: Ganz im Gegenteil, ich wollte mich gerade vorstellen.

Gestatten: Luami, Inspektor bei der Internationalen Polizei, genannt Interpol ...
(Schweigen)
Sie schweigen? Hat es Ihnen die Sprache verschlagen? Dabei haben drei Herren von Ihnen überhaupt nichts zu befürchten ... Wollen wir es kurz machen. Einer von Ihnen schmuggelt Rauschgift. Ein böses Geschäft, finden Sie nicht auch?

Chester: Rauschgift? Einer von uns?

Luami: Das ist die traurige Tatsache ... einer von Ihnen.

Rhadani: Aber das ist doch nur eine Vermutung.

Luami: Bisher ist es uns leider nicht gelungen, die Ware zu finden. In den Koffern war sie nicht ... und in Ihren Aktentaschen wird sie sicher auch nicht sein ...
Der Betreffende wird es an seinem Körper versteckt haben. Und da ich den Mann zu kennen glaube, verzichte ich bei den übrigen Herrn auf eine Körpervisitation ...
(Inspektor Luami tritt noch einen Schritt vor und weist auf den Mann zu seiner Linken.)
Lieber Kollege Su Phong, haben Sie die Güte, und führen Sie diesen Mann ab. Er ist der Rauschgiftschmuggler. Er hat sich durch eine ganze Reihe schwerwiegender Indizien selbst überführt.

Soweit also ›Fall Nummer 1‹ mit dem Titel:
Ein gefährlicher Fluggast.

Vier Personen gerieten in dieser Geschichte in den Verdacht, Rauschgift zu schmuggeln.

Es waren dies:

der Portugiese	Cortez
der Engländer	Chester
der Inder	Rhadani
der Japaner	Suponi

Einen dieser vier Männer ließ Inspektor Luami verhaften.

Wer war dieser Mann?

Wer schmuggelte das Rauschgift von Hongkong nach Bangkok?

Wer knackt die Nuss?

Fall Nummer

2

Spuk auf der »Miami«

DIE PERSONEN:

Jeff Stanley, Kapitän
Frank Baker, Borddetektiv
Fred Boll, Steward
Walt Miller
Ernest Reiter
Dave Hudson } Passagiere
Mrs Warren
Mr. Lank

DER SCHAUPLATZ:

An Bord des Luxusdampfers »Miami«, auf der Fahrt von San Francisco nach Hawaii.

Die »Miami« gehört in die Klasse der mittelgroßen Luxusdampfer. Und wenn sie mit ihren 8000 t auch kein Ozeanriese ist, so hat man sie doch mit allem erdenklichen Luxus und Komfort ausgestattet.

Die »Miami« besitzt nur 1.- und 2.-Klasse-Kabinen.

Ihr Heimathafen ist San Francisco und ihre ständige Route San Francisco–Hawaii.

Man schreibt den 4. Juli.

Es ist 17 Uhr 30, und vor wenigen Minuten hat die schneeweiße »Miami« abgelegt. Die meisten der 220 Passagiere stehen an der Reling und winken zum Pier hinüber, wo die Zurückbleibenden immer kleiner werden.

Die Fahrt nach Hawaii hat begonnen.

Eine Stunde und zehn Minuten später, also 18 Uhr 40, fängt der Funkmaat der »Miami« einen Funkspruch der Reederei auf. Der Funkspruch ist als »dringend« deklariert und für den Kapitän bestimmt. Keine fünf Minuten später liegt der Klartext vor Jeff Stanley, dem Kapitän der »Miami«.

Die Reaktion Stanleys auf die Lektüre des Funkspruchs ist verblüffend. Seine Miene hat sich schlagartig verfinstert. Er erhebt sich und beginnt nervös im Raum hin und her zu gehen. Plötzlich eilt er zum Kartentisch, über dem auf einem kleinen Regal das Telefon steht. Er reißt den Hörer von der Gabel, wählt und ruft dann ungeduldig in die Muschel:

Stanley: Kommen Sie sofort zu mir, Baker.

Stanley wirft den Hörer auf die Gabel zurück und setzt seine Wanderung fort. Sieben Minuten später ist Baker zur Stelle;

Frank Baker, Taucher aus Leidenschaft und hauptberuflich Borddetektiv.

Als er Stanleys finstere Miene sieht, weiß er sofort, dass irgendetwas Unangenehmes geschehen ist ...

Stanley weist auf einen Stuhl ...

Stanley: (aufgeregt) Setzen Sie sich, Baker ...

Baker: Sie machen ein Gesicht, als hätte die »Miami« ein Leck, Käpten.

Stanley: Ich habe keinerlei Grund zum Lustigsein, mein Lieber ... Und Sie auch nicht!

Baker: (macht den Versuch zu scherzen) Oh, ich bin eine ausgesprochene Frohnatur!

Stanley: Über Ihre Natur können wir uns später mal unterhalten. Zunächst wollen wir mal über Jim Baxter sprechen ...

Baker: (verständnislos) Baxter? Jim Baxter? Tut mir leid, Käpten, aber ich kenne keinen Jim Baxter.

Stanley: Dann kennen Sie vielleicht Doktor Flint? Oder Professor Samuel Gordon? Oder wie wär's mit Felix von Eppner? Oder den Baron von Travignat?

Baker: (nachdenklich) Hm, der eine oder andere Name kommt mir bekannt vor ...

Stanley: (gespannt) Und was ist mit Boris Mylinski?

Baker: (erschrocken) Boris Mylinski? ... (stöhnt) Oh, jetzt geht mir ein Licht auf ... Unter diesen Namen war er ja tätig ...

Stanley: Na endlich. Zuletzt stahl er im Waldorf Astoria in New York eine Diamantenkollektion ... Jim Baxter war sein Name für dieses Unternehmen ...

Baker: (sinnierend) Boris Mylinski, der Schrecken aller Polizisten, Kapitäne und Versicherungen ... Aber was hat das mit uns zu tun, Käpten? (entsetzt) Sollte ... nein, das kann doch nicht sein ...

Stanley: Ich habe einen Funkspruch von der Reederei bekommen. Hören Sie zu, Baker:

– Polizei vermutet, dass sich Boris Mylinski unter falschem Namen auf der »Miami« befindet! Äußerste Vorsicht geboten. Hat Vorliebe für langstielige Tabakpfeifen. –

Baker: Nicht nur für Tabakpfeifen. Auch für Parmesankäse.

Stanley: Was ist mit Parmesankäse?

Baker: In einem Polizeibericht las ich einmal, dass er eine Leidenschaft für diese Käsesorte habe.

Stanley: (mürrisch) Ich weiß nur, dass er ein großer Verwandlungskünstler sein soll und dass seine Methoden immer wieder Erstaunen hervorrufen ...

Baker: Sollte er sich tatsächlich hier auf dem Schiff befinden, gehen wir herrlichen Zeiten entgegen ...

Stanley: Machen Sie sich an die Arbeit, Baker. 220 Passagiere wollen beobachtet sein ... Einer davon kann Boris Mylinski sein. Einer unter 220 ...

Baker: Höchstens 62, Käpten.

Stanley: Wieso 62?

Baker: Weil Mylinski niemals etwas anderes als die 1. Klasse wählen würde. Das ist für ihn nicht nur standesgemäß, dort gibt es auch das meiste Geld, den teuersten Schmuck und die leichtsinnigsten Menschen ...

Stanley: Vielleicht haben Sie recht, Baker ... Das muss Ihnen der Neid lassen: Ab und zu haben Sie direkt brauchbare Ideen.

Baker: Danke, Käpten. Übrigens, gleich noch eine von dieser Sorte.

Stanley: Lassen Sie hören!

Baker: Bitte veranlassen Sie einen Funkspruch an die Reederei. Man soll versuchen festzustellen, wer von den Passagieren der 1. Klasse seine Schiffskarte erst in der letzten Woche gebucht hat.

Stanley: (unwillig) Was soll das?

Baker: Ganz einfach: Ich glaube nicht, dass Mylinski die Reise auf lange Sicht geplant hat. Er ist bekannt für schnelle und impulsive Entschlüsse.

Stanley: Okay! Ich lasse sofort anfragen. Halten Sie inzwischen die Augen offen.

Baker: Das werde ich tun. Sie können sich darauf verlassen ...

Am nächsten Vormittag, kurz nach 10 Uhr, trifft die Antwort der Reederei ein. Um 10 Uhr 30 versammeln sich in der Kabine des Kapitäns fünf Personen. Außer Jeff Stanley sind anwesend der Borddetektiv Frank Baker, der 1. Offizier Hangs, der Chefsteward Olson und der Steward Fred Boll. Mit eindringlichen Worten teilt Kapitän Stanley den Anwesenden die Situation mit. Und es gibt etliche betretene Gesichter ...

Stanley: ... und ich wiederhole noch einmal. Wir müssen damit rechnen, dass Boris Mylinski an Bord ist ... Er ist eine Gefahr ... Auf Bakers Rat hin habe ich bei der Gesellschaft angefragt, wer von den Passagieren seine Reise kurzfristig gebucht hat. Vor einer halben Stunde ist die Antwort eingetroffen. Merkwürdigerweise handelt es sich durchweg um Passagiere der 1. Klasse vom Gang F.

Baker: (überrascht) Es sind tatsächlich mehrere?

Stanley: Ja. Fünf Passagiere buchten innerhalb einer Woche vor Auslaufen. Ihre Namen sind: Mister Walt Miller, Mister Ernest Reiter, Mistress Helena Warren, Mister Dave Hudson und Miss Evelyn Nottingham.

Boll: (erstaunt) Die gehören ja alle zu meinem Bereich …

Stanley: Sonst hätte ich Sie ja auch kaum hierhergebeten, Fred.

Boll: (betreten) Jawohl, Käpten … Nur – wenn ich mir eine Bemerkung erlauben darf. Miss Nottingham können wir wohl aus dem Kreis der Verdächtigen ausschließen. Sie ist noch keine zwanzig Jahre.

Stanley: Dann bleiben also Miller, Reiter, Mistress Warren und dazu Dave Hudson. Um diese vier Personen wird sich insbesondere Frank Baker kümmern.

Boll: Dieser Mister Miller ist ein alter, zittriger Greis … und Mistress Warren …?

Stanley: (ungeduldig) Ihre Wahrnehmungen können Sie dann Baker mitteilen. Ich brauche wohl nicht zu betonen, dass strengstes Stillschweigen selbstverständlich ist. Alles klar?

Alle: (allgemeine Zustimmung)

Stanley: Sie, Baker, bitten die besagten Herrschaften heute Mittag an meinen Tisch. Ich möchte sie mir mal aus der Nähe ansehen … Und Sie essen ebenfalls mit mir … Das wär's für den Augenblick.

Wenig später biegt Frank Baker in den Gang F der 1. Klasse ein. Vor der dritten Tür verhält er den Schritt – dann klopft er. Eine mürrische Stimme spricht einige unverständliche Worte. Baker klopft ein zweites Mal.

Reiter: (mürrisch/ungeduldig) Herein!

Frank Baker tritt mit einem Lächeln ein.

Baker: Guten Tag, Mister Reiter.
Reiter: (unfreundlich) Tag. Sind Sie der neue Steward?
Baker: Nein, Mister Reiter. Mein Name ist Baker. Ich soll Sie im Namen des Kapitäns bitten, heute Mittag an seinem Tisch zu speisen.
Reiter: Ich bin kein besonders geselliger Mensch ...
Baker: (verbindlich) Der Kapitän würde sich sehr freuen.
Reiter: Meinetwegen. Ansonsten pflege ich während meiner Reisen in meiner Kabine zu essen.
Baker: Das steht Ihnen selbstverständlich frei, Mister Reiter. Kapitän Stanley wird es sicher zu schätzen wissen, wenn Sie seinetwegen eine Ausnahme machen.

Frank Baker verbeugt sich und verlässt Reiters Kabine. Zwei Minuten später steht er vor Mistress Warren.

Baker: Guten Tag, Mistress Warren. Mein Name ist Baker.
Mrs Warren: (misstrauisch) Gehören Sie zur Besatzung?
Baker: Sie können es so nennen. Im Augenblick sehen Sie in mir einen Boten des Kapitäns. Er bittet Sie, heute Mittag mit ihm zu speisen.
Mrs Warren: Mit mir?
Baker: Ja, mit Ihnen und noch einigen Herrschaften. Er möchte gern so nach und nach seine Passagiere kennenlernen.
Mrs Warren: Das finde ich sehr freundlich von ihm ... Es wird mir selbstverständlich einVergnügen sein, Mister ... Richten Sie ihm das bitte aus.
Baker: Gern, Mistress Warren.

Nach Mister Ernest Reiter und der etwas schrulligen Mistress Helena Warren sucht der Borddetektiv Frank Baker noch Dave Hudson und den alten Walt Miller auf. Alle sagen sie zu.

Obgleich Baker dem Kapitän die Beteiligten genauestens geschildert hat, ist Jeff Stanley doch sehr auf seine vier Tischgäste gespannt.

Pünktlich um 12 Uhr 30 beginnt Steward Fred Boll die Suppe aufzutragen und der Kapitän sagt nach einer leichten Verbeugung:

Stanley: Also dann, meine Herrschaften, ich wünsche Ihnen einen gesegneten Appetit.

Das Essen verläuft ziemlich schweigsam am Kapitänstisch. Stanley und Baker beschränken sich darauf, die vier Leute zu beobachten, während nur Mistress Warren einige Male versucht, ein Gespräch in Gang zu bringen. Doch sie hat wenig Glück. Weder der bissig aussehende Ernest Reiter noch der alte Miller haben Lust, in Konversation zu machen. Dave Hudson dagegen ist so mit dem Essen beschäftigt, als habe er die letzten drei Wochen von Wassermelonen gelebt. Als die Servietten ihren Dienst getan haben und der Mokka aufgetragen wird, ergreift Kapitän Stanley die Initiative.

Stanley: Ich hoffe, Mister Reiter, es hat Ihnen geschmeckt.

Reiter: (mürrisch) Warum fragen Sie ausgerechnet mich, Kapitän?

Stanley: (lächelnd) Weil Sie in dieser Tafelrunde das betrübteste Gesicht machen.

Mrs Warren: Nicht wahr, das finde ich auch. Dabei war der Zander doch wahrhaftig köstlich …

Reiter: Meine liebe Mistress Warren, ein Fisch allein tut's nicht.

Mrs Warren: (kichernd) Und ich dachte gerade, dass Sie so schweigsam sind, weil es Fisch gab.

Reiter: (spöttisch) Diese Äußerung zeigt Ihre totale Unwissenheit darüber, dass Fische gar nicht stumm sind.

Stanley: Mister Reiter, darf ich Sie einmal fragen, welchen Beruf Sie ausüben?

Reiter: Ich wüsste zwar nicht, wen das etwas anginge, aber bitte – ich bin Chefauktionator bei Cars & Poors.

Mrs Warren: (kichernd) Auktionator ... hihihihi ...

Reiter: (erbost) Was gibt es da zu lachen?

Mrs Warren: Wenn Sie als Auktionator ebenso schweigsam sind wie jetzt, dann müssten Sie ja längst verhungert sein.

Hudson: Sie sehen das falsch, Mistress Warren ... Was Mister Reiter beruflich zu viel reden muss, spart er hier wieder ein.

Reiter: Richtig geraten, Mister Hudson ... Was haben Sie denn für ein Betätigungsfeld?

Hudson: Ich???? Oh, ich reise ... Heute hier, morgen dort.

Mrs Warren: Und übermorgen?

Hudson: Übermorgen??? Ahso, verstehe, sollte ein Scherz sein. Übermorgen wieder woanders – zufrieden? Aber eine andere Frage, Mistress Warren. Ich bewundere schon einige Zeit die Münze, die Sie hier an der Kette hängen haben ...

Mrs Warren: (stolz) Das ist ein Aureus-Goldstück ...

Baker: Ich verstehe zwar nicht viel von der Münzkunde, aber meine bescheidenen Kenntnisse sagen mir, dass die Münze sehr kostbar ist oder sein muss.

Mrs Warren: Ist sie. Ich bekäme jederzeit ein kleines Vermögen für sie ... Die Münze stammt übrigens aus der Zeit um 130 nach Christus.

Boll: Noch einen Mokka, Mistress Warren?

Mrs Warren: Nein danke ...

Stanley: Es ist sehr leichtsinnig von Ihnen, solche Kostbarkeiten mit auf Reisen zu nehmen.Wollen Sie das Schmuckstück nicht lieber dem Zahlmeister zur Aufbewahrung geben.

Mrs Warren: Wo denken Sie hin, Kapitän. Ich habe in meinem Gepäck noch mehr kostbare Münzen. Ich trenne mich nie von ihnen ... Erstens bin ich versichert und zweitens habe ich immer eine Pistole unter dem Kopfkissen ... Ich muss allerdings gestehen, dass ich noch nie in meinem Leben eine Pistole abgefeuert habe. Und was die Aureus-Münze anbetrifft: ich trage sie Tag und Nacht um den Hals.

Hudson: Und wenn nun tatsächlich mal ein Einbrecher kommt – was tun Sie dann?

Mrs Warren: Dann halte ich ihm meine Pistole unter die Nase ... das wird ihn sicher veranlassen, so schnell wie möglich zu türmen

Hudson: Und wenn er es nicht tut?

Mrs Warren: (durcheinander) Dann weiß ich auch nicht, was ich tun soll ...

Stanley: Nun, wir wollen hoffen, dass es nie so weit kommt.

Später treffen Kapitän Stanley und Frank Baker in der Kabine des Kapitäns zusammen. Sie sprechen über Hudson, Reiter und den alten Miller, der sich als Antiquitätenhändler aus Los Angeles vorgestellt hatte. Und sie sprechen über die spleenige Mistress Warren, die ein Vermögen an kostbaren Münzen mit sich herumschleppt.

Wer von den drei Männern könnte Boris Mylinski sein?

Sie haben keine Ahnung, dass Mistress Warren in diesem Augenblick Besuch in ihrer Kabine erhält …

Mrs Warren: Herein! Oh, Mister Miller …

Miller: (mit zittriger Stimme) Verzeihung, Mistress Warren, wenn ich so einfach hier bei Ihnen eindringe … ich habe ein großes Anliegen …

Mrs Warren: Aber nehmen Sie doch Platz, Mister Miller, worum handelt es sich denn?

Miller: Sehen Sie, ich bin Antiquitätenhändler … nebenbei jedoch bin ich ein leidenschaftlicher Fotograf … Und von vielen Dingen, die ich nicht in meinem Geschäft haben kann, versuche ich mir Fotografien zu beschaffen …

Mrs Warren: Deshalb also die Kamera …

Miller: Ganz recht, liebe Mistress Warren, würden Sie mir erlauben, Ihre Münzen zu fotografieren?

Mrs Warren: Wenn es weiter nichts ist … Diesen Wunsch kann ich Ihnen gern erfüllen.

In diesem Augenblick klopft es an die Tür. Mistress Warren ruft nicht »Herein«, sondern geht zur Tür und öffnet sie. Fred Boll steht dienstbereit davor.

Mrs Warren: Ja, was gibt's?

Boll: Verzeihung, Mistress Warren, Sie haben doch geläutet?

Mrs Warren: Ich??? (abweisend) Ich habe nicht geklingelt.

Boll: Dann entschuldigen Sie bitte …

Der Steward machte eine Verbeugung und geht mit undurchdringlichem Gesicht ab. Für ihn ist Beherrschung wie für jeden geübten Ober erstes Gesetz.

Mrs Warren: Ein unangenehmer Mensch, dieser Steward … Also, Mister Miller … wo soll ich Ihnen die Münzen aufbauen?

Miller: Am besten hier auf dem kleinen Tisch … Und was den Steward anbetrifft, so könnte es doch sein, dass Sie aus Versehen an die Klingel gekommen sind. Das ist mir auch schon passiert …

Mrs Warren: Hm … Allerdings, das könnte sein … Na ja, trotzdem braucht er nicht gleich so ein beleidigtes Gesicht zu ziehen … Also hier auf dem kleinen Tisch …

Kurz nach 19 Uhr tritt ein Ereignis ein, das sowohl Kapitän Stanley wie auch Frank Baker befürchtet haben … Mister Walt Miller stürzt im Zeichen größter Aufregung in die Kabine des Kapitäns. Drei Minuten später ist auch Baker zur Stelle.

Stanley: Mister Baker kennen Sie ja schon, Mister Miller. Er ist der Borddetektiv … Würden Sie jetzt bitte noch einmal berichten …

Miller: (erregt) Was gibt es da viel zu berichten … Meine Kamera samt Blitzlichtanlage ist verschwunden … gestohlen.

Baker: Wann haben Sie es bemerkt?

Miller: Vor fünf Minuten. Ich war nur eben mal zum Bordbriefkasten gegangen, der am Ende des Ganges ist.

Baker: Da es sich um keinen durchgehenden Kabinengang handelt, müsste der Dieb in einer der benachbarten Kabinen verschwunden sein … Sonst hätten Sie ihn ja bemerken müssen. Wer hat doch gleich die Kabine neben Ihnen?

Miller: Mistress Warren ... Aber die kommt ja nicht infrage.
Baker: Und nach Mistress Warren kommt Mister Hudson ... Gegenüber liegt Mister Reiter ... Was war es denn für eine Marke?
Miller: Eine Spiegelreflexkamera Typ »Centox«.
Baker: (bedauernd) Diese Marke ist ziemlich verbreitet. Ich habe an Bord selbst schon etliche gesehen. Würden Sie Ihre Kamera wiedererkennen?
Miller: Unter Tausenden. Am Boden der Kamera befindet sich eine tiefe Kerbe.
Baker: Wer weiß außer uns dreien vom Diebstahl der Kamera?
Miller: Niemand!
Baker: Dann würde ich Sie im Interesse der Ermittlungen bitten, auch weiterhin zu schweigen ... Sie bekommen Ihre Kamera bestimmt wieder ...
Miller: (aufseufzend) Na schön, ich verlass mich auf Sie, Mister Baker. Übrigens, da fällt mir noch etwas ein. Fragen Sie doch mal den Steward. Als ich zurückkam, begegnete ich ihm. Er verließ gerade Mister Reiters Kabine.
Baker: Danke, ich werde ihn fragen.

Mister Miller verlässt, noch immer erregt, die Kabine des Kapitäns.

Auch Frank Baker verliert keine Zeit. Er macht sich sofort auf den Weg, um Fred Boll aufzusuchen. Er findet den Steward im Geschirrraum.

Baker: Hallo, Fred, eine Frage ...
Boll: Ja, Mister Baker?
Baker: Sie waren doch vorhin in Reiters Kabine?
Boll: Stimmt. Ich habe zwei Büchsen Bier serviert ...

Baker: Ist Ihnen im Gang etwas aufgefallen? Jemand begegnet?

Boll: Hm, lassen Sie mich nachdenken… nein, eigentlich nicht… doch ja, der alte Miller… stimmt, Mister Miller sah ich. Kam mir ein bisschen sonderbar vor. Ist was passiert?

Baker: Ja. Man hat Millers Kamera gestohlen. Inklusive Blitzlichtanlage.

Boll: (erstaunt) Seine Kamera?

Baker: Ja, aber kein Wort darüber…

Boll: Verstehe… Glauben Sie, dass es Boris Mylinski war?

Baker: Vorläufig weiß ich noch gar nichts…

Boll: Komisch… Als ich vorhin Reiter das Bier brachte, war er nicht in seiner Kabine…

Baker: Was ist daran komisch?

Boll: Ja, weil er doch das Bier eben bestellt hatte. Und ich keine zwei Minuten später dort war…

Baker: Es ist etliches komisch hier…

Wenige Augenblicke später.

Ernest Reiter will gerade seine Kabine betreten, als er erschrocken zurückfährt. Die Tür hat sich von innen geöffnet.

Reiter: (erschrocken) Gott, haben Sie mich erschreckt. Was tun Sie in meiner Kabine?

Boll: Verzeihung, Mister Reiter, ich hatte vorhin meinen Geschirrkorb stehen lassen.

Reiter: Vorhin??

Boll: Sie hatten doch zwei Büchsen Bier bestellt.

Reiter: Ich habe kein Bier bestellt… was soll dieser Unsinn. Ich trinke nie Bier.

Boll: Dann muss sich jemand einen Scherz erlaubt haben. Kann ich sonst etwas für Sie tun?

Reiter: Ja, gehen Sie endlich!
Boll: (gekränkt) Wie Sie wünschen!

Und dann folgt der zweite Paukenschlag. Es ist gegen 23 Uhr, als der Chefsteward Olson einen aufgeregten Mann in die Kapitänskabine schiebt, wo Stanley gerade mit Frank Baker die Fakten durchgeht ...

Stanley: Ja, was gibt's?
Lank: Meine Name ist Lank, Herr Kapitän ... es tut mir leid, dass ich um diese Zeit ...
Stanley: Schon gut, Mister Lank, was ist geschehen?
Lank: Man hat mir soeben meine Brieftasche gestohlen. (leise) Mit über tausend Dollar ...
Stanley: (mit belegter Stimme) Wie und wo ist das geschehen?
Lank: Ich stand vorn auf dem Promenadendeck und wollte mir eine Zigarette anzünden ... Wegen des Windes bin ich in eine Nische getreten ... Plötzlich tippt mir jemand von hinten auf die Schulter. Ich drehe mich um und da passierte es ...
Stanley: Was passierte?
Lank: Zuerst blitzte ein grelles Licht auf. Ich schloss geblendet die Augen, dabei fühlte ich, wie mir jemand in die Tasche griff ... ja, was sollte ich machen. Als ich endlich wieder etwas erkennen konnte, war der Dieb längst über alle Berge ... Es war wie ein Spuk ...
Stanley: Sie sagten: Ein grelles Licht blitzte auf?
Lank: Es war garantiert ein Blitzlichtgerät, das man mir unter die Nase gehalten hat ... Aber es ging ja alles blitzschnell ...

Keiner der Anwesenden ahnt, dass sich bereits in diesem Augenblick das größte Gaunerstückchen anbahnt. Dass der Spuk, wie es Mister Lank nannte, auf die Spitze getrieben werden soll.

Während Kapitän Stanley und Frank Baker den Bestohlenen nach allen Regeln der Kunst ausfragen, löst sich aus dem Dunkel des Kabinengangs F ein Schatten. Es ist ein Mann, der sich, an der Wand langschleichend, einer bestimmten Tür nähert. Auf seiner Brust pendelt ein Blitzlichtgerät ...

Jetzt hat der Schatten die Kabinentür von Mistress Warren erreicht. Lauschend legt er das Ohr an die Tür ... Nichts ist zu hören ... nur von fern die Stimmenfetzen einer Unterhaltung ...

Der Mann hebt die Hand – ein leises Klopfen ertönt ...

Nichts rührt sich hinter der Kabinentür. Er klopft ein zweites Mal ... diesmal etwas lauter und auch etwas drängender ...

Da ... ist da nicht ein Geräusch? ... Es klingt, als würden nackte Füße über den Boden gehen. Dann eine Stimme ...

Mrs Warren: (verschlafen) Hallo?

Der Fremde presst sich etwas vor den Mund, um seine Stimme unkenntlich zu machen.

Täter: Mistress Warren, hier ist Boris Mylinski – ein Telegramm für Sie!

Mrs Warren: Einen Augenblick ... jetzt, um diese Zeit ...

Ein Schlüssel dreht sich im Schloss ...

Eine Kabinentür öffnet sich ...

Ein entsetzter Schrei klingt auf ...

Schritte hasten davon und etwas fällt zu Boden.

Fünf Minuten nach diesem Zwischenfall ist Frank Baker zur Stelle. Mit gerunzelter Stirn sitzt er Mrs Warren in ihrer Kabine gegenüber.

Baker: Ich bitte Sie, Mistress Warren, nun beruhigen Sie sich doch. Die Münze werden wir schon wiederfinden. Rekapitulieren wir noch einmal den Tatbestand. Sie hatten also schon geschlafen.

Mrs Warren: Ja. Ich hatte mich hingelegt, weil ich Kopfschmerzen hatte. Da klopfte es ... Ich fragte, wer draußen sei, und eine Stimme sagte: hier ist Boris ... irgend was mit linski ... ein Telegramm für Sie ... (schluchzt)

Baker: (drängend) Und weiter?

Mrs Warren: Ich schloss auf ... und da ... und da blitzte ein entsetzliches Licht auf. Jemand langte mir an den Hals und riss mir die Kette mit der Münze herunter ... ich habe wohl ganz fürchterlich geschrien ...

Baker: Haben Sie die Stimme hinter der Tür erkannt?

Mrs Warren: Nein.., aber wenn ich so zurückdenke, dann meine ich, dass sie verstellt war ...

Baker: Hören Sie mir jetzt bitte gut zu, Mistress Warren. Legen Sie sich jetzt hin und schlafen Sie. Morgen früh werden wir weitersehen. Wir haben hier an Bord ja den großen Vorteil, dass uns der Täter nicht entwischen kann.

Mrs Warren: Wenn Sie meinen, Mister Baker ...

Es scheint eine unruhige Nacht zu werden. Kapitän Stanley geht aufgebracht in seiner Kabine auf und ab, während Frank Baker nervös an einer Zigarette zieht ...

Stanley: Das ist mir in meiner ganzen Laufbahn noch nicht passiert ... Dieser Boris Mylinski scheint sich doch unwahrscheinlich sicher zu fühlen, dass er auch noch seinen Namen bekannt gibt.

Baker: Trotzdem wissen auch wir eines ganz sicher.

Stanley: Und das wäre?

Baker: Dass sich Mylinski nur hinter drei Masken verstecken kann. Er ist entweder Walt Miller selbst und hat den Verlust seiner Kamera nur vorgetäuscht. Es steht doch wohl außer Zweifel, dass mit einem Blitzlichtgerät der ganze Spuk inszeniert wurde ... Oder es ist der mürrische Ernest Reiter ... Oder auch Dave Hudson.

Stanley: Warum sind Sie sich dessen so sicher?

Baker: Ganz einfach, Käpten. Erstens haben alle drei gehört, dass Mistress Warrens Aureus-Münze so kostbar ist. Zweitens kann den Diebstahl der Kamera – wenn es ein Diebstahl war – nur jemand aus dem Gang F begangen haben, da Miller außer Boll niemand gesehen hat. Und drittens kann nur der Täter selbst – also Boris Mylinski – mit seinem Namen operieren, da die anderen ja nichts von seiner Anwesenheit an Bord wussten.

Stanley: Der Diebstahl der Brieftasche war Ihrer Meinung nach also ein Ablenkungsmanöver?

Baker: Ja. Dass dem Dieb dabei 1000 Dollar in die Hände gefallen sind, ist eine angenehme Zugabe.

Stanley: Wir sollten feststellen, wer von den drei Männern zur Zeit des Brieftaschendiebstahls nicht in seiner Kabine war.

Baker: Sie werden alle drei behaupten, dass sie sich zu diesem Zeitpunkt im Bett befunden haben. Denn schließlich fanden sie sich gemeinsam zur Hilfeleistung vor Mistress Warrens Kabinentür ein- und alle im Nachtzeug!
(Klopfen an der Tür)

Stanley: Herein …

Boll: Guten Abend, Käpten …

Stanley: Sie, Boll? Haben Sie denn Nachtdienst?

Boll: Eigentlich nicht. Aber ich konnte nicht schlafen, und da bin ich noch ein wenig an Deck langspaziert. Dabei hat mich der Funker erwischt. Hier, ich soll Ihnen diesen Funkspruch überbringen.

Stanley: Danke … ist noch was?

Boll: (zögernd) Ja, Sir … ich habe mir Gedanken wegen der Zwischenfälle gemacht.

Stanley: Ja, und?

Boll: Man könnte doch morgen früh alle Fotoapparate vom Typ »Centox« überprüfen.

Stanley: (ablehnend) Wozu, das hilft uns kein Stück weiter und würde nur böses Blut unter den Passagieren geben.

Boll: Aber Millers Kamera hat doch auf dem Boden eine tiefe Kerbe. Daran könnte man den Apparat doch erkennen.

Stanley: Hm … Sie haben recht … wir werden uns die Sache mal durch den Kopf gehen lassen.

Boll: Dann gute Nacht …

Während Fred Boll wieder durch die Tür verschwindet und der Kapitän die Depesche aufschlitzt, erhebt sich auch Frank Baker, der Detektiv. Er gähnt und will gerade etwas sagen, als Stanley aufspringt.

Stanley: (aufgeregt) Jetzt verstehe ich überhaupt nichts mehr.

Baker: Was gibt's denn, Käpten?

Stanley: Die Reederei teilt mir mit, dass Boris Mylinski nicht an Bord sei. Die Polizei habe ihn am späten Nachmittag in einem Kino in Los Angeles verhaftet. (stöhnt) Wer ist jetzt unser Boris Mylinski?

Baker: (nachdenklich) Das ist doch ... nein, das ist ...
Stanley: Was haben Sie denn, Baker? Sie machen ein Gesicht, als bekämen Sie Prügel ...
Baker: Ich habe gerade nachgedacht ...
Stanley: Ist mir noch nie aufgefallen, dass Sie beim Nachdenken so ein komisches Gesicht machen ...
Baker: (gedehnt) Es gibt also keinen Boris Mylinski ... also ...
Stanley: Was also?
Baker: Unser Blitzlichtdieb hat jedoch gewusst, dass wir mit Mylinski rechneten ... Derjenige, der davon Kenntnis besaß, ist also der Dieb der Kamera, der Brieftasche und der Goldmünze ...
Stanley: He, Baker, wo wollen Sie hin?
Baker: Kommen Sie, Käpten, wir wollen uns den Dieb holen.
Stanley: (fassungslos) Ja, kennen Sie ihn denn?
Baker: Ja, jetzt kenne ich ihn ... Die Depesche kam gerade im rechten Augenblick ...

Fünf Minuten später sieht sich der Dieb zu seiner maßlosen Überraschung überführt.

Wer aber ist es?
Wer stahl Brieftasche, Kamera und Münze?

Wer knackt die Nuss?

Fall Nummer

3

Ein Fall für Archibald Trix

DIE PERSONEN:

Archibald Trix, Privatdetektiv
Willibald Poppkorn, sein Gehilfe
Egon Maxemilian Sand, Händler
Monsieur Suvillard, Botschaftsrat
Diener

DIE SCHAUPLÄTZE:

Die Wohnung von Archibald Trix
Der Stadtwald
Sands Trödlerladen
Die Wohnung von Monsieur Suvillard
und das Auto der Detektive

Wenn man in westlicher Richtung stadtauswärts fährt, erreicht man schon nach kurzer Zeit ein hochgeschossenes, skurriles Bauwerk. Es ist der städtische Wasserturm. Keine zweihundert Meter Luftlinie von diesem entfernt, steht inmitten eines herrlichen wild wuchernden Gartens ein schmuckes, weiß getünchtes Häuschen.

Hier wohnt Archibald Trix, der Stadt bekanntester Privatdetektiv, zusammen mit seinem Gehilfen Willibald Poppkorn und seiner Köchin Adelgunde.

Archibald Trix ist klein, rund und kugelig, während sein Gehilfe Willibald Poppkorn lang, dürr und klapprig ist.

Und doch hat es nie ein besseres Gespann gegeben. Archibald bleibt nichts verborgen. Er findet alles heraus. Sein Geist ist scharf wie eine Rasierklinge. Willibald dagegen ist mit seiner imponierenden Länge von zwei Meter und siebzehn Zentimeter der reinste Aussichtsturm. Er überragt alles, er sieht alles, und wenn sein Geist auch nicht so scharf arbeitet wie der seines Chefs, so ist er trotzdem eine nicht zu unterschätzende Hilfe.

Es ist an einem Sonnabend, kurz nach 23 Uhr, als das im Nachtschrank eingebaute Telefon von Archibald Trix zu klingeln beginnt. Archibald, der im Bett liegt und in einem Kriminalroman liest, legt ihn brummend zur Seite und zieht das eingebaute Telefon heraus ...

Trix: (mürrisch) Hier spricht Archibald Trix!

Außer einer Stimme hört Trix noch leise Radiomusik.

Sand: Hier ist Sand!
Trix: (misstrauisch) Wer ist dort?

Sand: Hier spricht Sand. Firma Egon Maxemilian Sand ... ja!

Trix: (ungeduldig) Na und? Wollen Sie mich zum Essen einladen oder zum Kreiselspielen?

Sand: In meinem Geschäft ist eingebrochen worden ...

Trix: Lieber Mann, jetzt machen Sie mal das Radio aus oder wenigstens leiser. Man kann Sie ja kaum verstehen. (Musik verstummt)

Na also. Wo ist eingebrochen worden?

Sand: In meinem Geschäft.

Trix: Und wo ist das? Und wo sind Sie jetzt?

Sand: Na eben in meinem Geschäft ... Ich habe die Diebe sozusagen verjagt. Ich habe mit der Taschenlampe geleuchtet, und da sind sie weggerannt.

Trix: Sie haben mit der Taschenlampe geleuchtet ... Haben Sie die Diebe erkannt?

Sand: Der eine hatte einen dichten hellblonden Haarschopf ... Und als sie wegrannten, sagte der eine zum anderen: Los, ab ins Hexenhaus!

Trix: Interessant.

Sand: Sie haben mir ein wertvolles Schmuckstück gestohlen ... Ich hatte es nur zur Begutachtung hier ... Mir ist das sehr peinlich ...

Trix: Warum rufen Sie eigentlich nicht die Polizei?

Sand: Ich möchte keinen Staub aufwirbeln ... das könnte dem Besitzer des Anhängers sehr unangenehm sein ... Würden Sie bitte den Fall übernehmen?

Trix: Schön. Halten Sie sich bereit und bleiben Sie, wo Sie jetzt sind. Wir werden die Angelegenheit sofort in Angriff nehmen ...

Sand: Danke ... vielen Dank, Herr Trix!

Und dann beginnt Archibald Trix, die Sache in die Hand zu nehmen. Zunächst rollt er sich brummend aus seinem Bett und schlüpft in seine Kleider. Nach fünfzehn forschen Kniebeugen und zwanzig Sekunden Schattenboxen begibt er sich zwei Zimmer weiter, wo Willibald Poppkorn, mit einem friedlichen Lächeln auf den Lippen, dem neuen Tag entgegenschläft ...

Archibald tritt ans Bett und klopft Willibald auf die Schulter. Dabei ruft er:

Trix: Na, los, du klappriges Gestell ... stöhn nicht so mitleiderregend. Raus aus dem Kahn!

Willibald Poppkorn dreht sich seufzend herum und zwinkert mit den Augen.

Willibald: Ach, du liebe Güte, muss das sein?
Trix: Es muss. Einbruch und Diebstahl bei Maxemilian Sand.
Willibald: (gähnend) Wir könnten doch morgen früh ... was ist das eigentlich für ein Sand?
Trix: Antiquitäten, An- und Verkauf. Goldwaren, Silberwaren und einbalsamierte Indianer. Sein Werbeslogan: Bei Sand gibt's allerhand ...
Willibald: Wie uninteressant ... (gähnt wieder)
Trix: Eins – zwei ...
Willibald: (entsetzt) Um Himmels willen, kein Wasser ... ich komme ja schon ... (stöhnt) Mitten in der Nacht ...
Trix: (befehlend) In zwei Minuten bist du fertig!
Willibald: (hantierend) Diese Antreiberei ...
Trix: Kennst du das Hexenhaus?
Willibald: Wenn damit die alte, verfallene Blockhütte im Stadtwald gemeint ist, kenne ich sie ...

Trix: Dort sollen angeblich die Diebe hin sein ...

Willibald: Du liebe Güte ... Dort brächten mich keine zwanzig schweren Ackergäule hin ... Ich habe noch nie so viele Spinnweben gesehen wie im Hexenhaus.

Trix: Reg dich wieder ab. Wir fahren jetzt hin und schleichen uns von zwei Seiten an das Haus ... Mal sehen, ob wir jemand erwischen.

Willibald: (stöhnt) Du liebe Güte ...

Genau fünfzehn Minuten später haben die beiden Detektive den Stadtwald erreicht. Sie lassen das Auto stehen und machen sich getrennt auf den Weg.

Stockfinster ist es, denn die Bäume stehen bald so dicht, dass man nicht das kleinste Stückchen Himmel sehen kann ...

Archibald Trix kommt von rechts. Er hat beide Arme nach vorn gestreckt, um zu vermeiden, dass er irgendwo aufläuft. Obwohl er sich sehr vorsichtig bewegt, lässt es sich nicht vermeiden, dass er ab und zu auf einen heruntergebrochenen Ast tritt. Als er den Rand einer Lichtung erreicht, kann er schemenhaft die Umrisse einer Hütte erkennen ...

Von der anderen Seite nähert sich geräuschlos wie ein Indianer der lange Willibald. Innerlich heftig schimpfend, da ihn das Gebücktlaufen doch erheblich anstrengt. Und dann stutzt er ... war da nicht ein Geräusch? Kam es vielleicht gar aus der Hütte?

Wo nur Archibald stecken mag, überlegt Willibald, während er sich weiter vorwärtsschiebt ...

Zwei Armlängen trennen Willibald noch von der Hütte, als er zusammenzuckt ... Was schnauft da? Er spürt förmlich die Anwesenheit eines anderen Menschen ... Noch einen halben Meter ... da, wieder dieses merkwürdige Geräusch ... In diesem Augenblick stürzt Willibald Poppkorn nach vorn. Seine Hände ertasten eine Figur ... einen Mann, und aus Leibeskräften beginnt er zu brüllen:

Willibald: (schreiend) Zu Hilfe, Archibald, ich habe ihn, zu Hilfe!

Trix: (ärgerlich schnaufend) Lass doch los, du Schafskopf ... hörst du! Du drückst mir ja den Bauch in den Hals ...

Willibald: (verdutzt, fassungslos) Wie ... wie ... wie kommst du denn hierher? ... Du liebe Güte ...

Trix: Wie komm ich wohl hierher ... vielleicht mit einem Hubschrauber, he? Oder mit einem Bulldozer, he? Vielleicht gar mit der Untergrundbahn? Such dir was aus!

Willibald: Und ich habe wirklich gedacht, ich hätte den Dieb!

Trix: Das habe ich gemerkt. Wie ein Polyp hast du mich umklammert ... Hast du Streichhölzer eingesteckt?

Willibald: Ja, hier!

Trix: Wollen uns mal das Innere dieser fürstlichen Behausung ansehen ...
(ein Streichholz wird angezündet)
Hier ist seit dem letzten Schaltjahr niemand mehr gewesen.

Willibald: Nur Spinnen ... Ach, du liebe Güte, merkst du was?

Trix: Es beginnt zu regnen!

Willibald: Und wie mir scheint, stammen die Tropfen von keiner kleinen Wolke ... Wollen sehen, dass wir einigermaßen trocken unseren Wagen erreichen.

Trix: Hast recht. Und dann so schnell wie möglich zur Firma Sand. Der Ärmste wartet nämlich auf uns ...

Als Archibald Trix und Willibald Poppkorn an ihrem Auto ankommen, gießt es bereits in Strömen, und beide sehen aus, als hätten sie an Tauchübungen teilgenommen. Doch das macht ihnen nicht viel aus. Als tüchtige Detektive sind sie selbstverständlich mit Reserveanzügen ausgestattet und so dauert es nur knappe fünf Minuten, und sie sind umgezogen.

Die Kirchturmuhr von St. Georg schlägt gerade die erste Morgenstunde, als sie vor dem Geschäft der Firma Maxemilian Sand abbremsen. Die Untersuchung des Tatortes kann beginnen.

Willibald: Ein Glück, dass es aufgehört hat zu regnen.

Trix: Ziemlich abgelegene Gegend hier, was? Verwunderlich, dass sich da wirklich Kunden zur Firma Sand verirren …

Willibald: Wenn schon keine Kunden – Einbrecher auf alle Fälle …

Trix: Sehr lustig. Ich lache morgen früh, wenn es bis dahin Zeit hat …
(hallende Schritte)
So, da wären wir … Nanu, hier liegen ja Glasscherben auf dem Fußweg … Die Ladentürscheibe ist eingeschlagen worden … na, dann wollen wir mal sehen, was uns Herr Sand zu sagen hat …

Die Tür ist nicht abgeschlossen. Während sie den Geschäftsraum betreten, klingt die Ladenglocke scheppernd auf.

Willibald: Finster wie in einem Sack. Wo habe ich denn meine Streichhölzer … ah … (brennt an) … Hm, das ist aber komisch …

Trix: Was ist komisch?

Willibald: Na, dass hier innen überhaupt keine Scherben zu sehen sind …

Trix: Keine Scherben? Ein Zeichen, dass man ganz vorsichtig zu Werke gegangen ist …

Willibald: Na, endlich Licht …

Sand: (pathetisch) Oh, großer Meister … sicher irre ich mich nicht. Sie sind bestimmt der berühmte Detektiv Archibald Trix …

Trix: Ganz richtig. Und nun gleich zur Sache. Sie sind also den ganzen Abend im Geschäft gewesen.

Sand: Ja, den ganzen Abend … die ganze Nacht …

Trix: Mitten in der Nacht hörten Sie es klirren, Sie kamen dort oben durch die Tür und leuchteten mit einer Taschenlampe in den Raum …

Sand: Ich bewundere Ihr Gedächtnis. Genauso war es … Die Einbrecher haben die Scheibe der Tür eingeschlagen und von innen den Schlüssel herumgedreht.

Trix: Und als Sie kamen, stürzten sie davon. Wie lange glauben Sie, hatten die Einbrecher Zeit, sich im Laden aufzuhalten?

Sand: Nicht lange … Sie haben auch nur den Anhänger stehlen können … (seufzt theatralisch) Ich bin ruiniert … es trifft mich hart, das können Sie mir glauben …

Trix: Wie war das eigentlich mit dem Anhänger? Er gehört nicht Ihnen, wie ich mich erinnere?

Sand: Nein … Es ist ein ungemein wertvolles Stück. Ein Anhänger mit einer fingerdicken goldenen Kette. Er ist fast handtellergroß und besteht aus purem Gold. (senkt die Stimme) Er ist hohl und im Inneren liegen zehn kostbare Rubine.

Trix: Und wo bewahrten Sie ihn auf?

Sand: Dort drüben in der Kassette …

Trix: Ist das nicht sehr leichtsinnig?

Sand: Wer hätte denn gedacht, dass man bei mir einbrechen würde …

Trix: (ruft laut) Hast du schon was gefunden, Willibald?

Willibald: (zurückrufend) Nein, Chef … aber die Ecken hier sind so dunkel, dass man nicht hineinsehen kann. Haben Sie nicht mal eine Taschenlampe, Herr Sand?

Sand: Oh, das tut mir leid. Aber die Batterien sind so schwach, dass man nicht einmal seine eigenen Schuhe anleuchten kann …

Trix: Nimm Streichhölzer, Willibald … Sagen Sie mal, Herr Sand, wem gehört eigentlich dieser sagenhafte Anhänger?

Sand: Das möchte ich lieber nicht sagen … Es wäre mir sehr unangenehm, wenn der Besitzer davon erführe … (voller Hoffnung) Wo ich doch annehme, dass Sie mir dieses kostbare Stück wieder beschaffen werden … Waren Sie schon im Hexenhaus, Herr Trix?

Trix: Waren wir – aber außer Spinnweben und Geistern gibt es dort keinerlei Bewohner … Also, raus mit der Sprache, Herr Sand – wem gehört der Anhänger? Haben Sie denn noch nicht an die Möglichkeit gedacht, dass der Besitzer das Stück selbst gestohlen hat und Sie nun auf Schadenersatz verklagen will?

Sand: Nein … Daran habe ich noch nicht gedacht …

Trix: Sehen Sie. Und schon deshalb müssen Sie uns sagen, wie der Besitzer heißt.

Sand: (widerwillig) Es ist ein Franzose. Er ist hier bei der Botschaft angestellt und heißt Monsieur André Suvillard.

Trix: Hast du mitgeschrieben, Willibald?

Willibald: Ja, habe ich, Archibald.

Trix: Seine Adresse, Herr Sand?

Sand: Er wohnt in der Pappelallee 127.

Trix: Er wird sich freuen ... Und Sie, lieber Herr Sand, bleiben noch ein Weilchen hier ... ich glaube doch, dass wir den oder die Täter noch schnappen ...

Sand: (erstaunt) So, meinen Sie ... wie lange soll ich denn warten?

Trix: In einer Stunde spätestens sind wir wieder da.

Sand: Na schön ...

Willibald: Machen Sie sich's gemütlich ... Am nützlichsten wäre es, wenn Sie in der Zwischenzeit einmal ein bisschen Staub wischen würden ... Ich sehe fast wie ein Bergmann aus, hehehe.

Trix: Halt keine Vorträge, Willibald. Wir müssen schleunigst noch jemand die Nachtruhe rauben ...

Es ist nur noch sehr wenig Verkehr auf den Straßen. Nur ab und zu huscht ein Taxi oder ein verspäteter Nachtbummler vorbei. Der Asphalt beginnt auch schon wieder abzutrocknen.

Die Luft ist rein und klar.

Gleich der Straße, in der Archibald und Willibald wohnen, gehört auch die Pappelallee zu einem Vorort. Allerdings in entgegengesetzter Richtung.

Willibald: Wahrscheinlich wird sich Monsieur Suvillard mächtig freuen, wenn wir ihn aus seinen Träumen reißen.

Trix: Es ist nicht jeder so eine verschlafene Transuse wie du.

Willibald: (empört) Ich muss doch sehr bitten.

Trix: Um was?

Willibald: Um Respekt. Schließlich bin ich ja auch was!

Trix: Ja, zum Beispiel zwei Meter und siebzehn ... Warum rast du eigentlich so ... Hast du es auf ein Strafmandat abgesehen?

Willibald: Glaubst du vielleicht, ich will die ganze Nacht außerhalb meines schönen, warmen Bettes verbringen …?

Trix: Hab ich's nicht gesagt: Transuse … Halt, langsamer, hier ist schon die Nummer 111 … 113 … 115 … 117 … 121 … 123 … 125 … da, 127 …

(Wagen hält. Wagentüren. Schritte)

Willibald: (staunend) Piekfeiner Palast … für einen kleinen Botschaftsdiener allerhand.

Trix: Wer hat denn was von Botschaftsdiener gesagt, du Neunmalkluger?

Willibald: (selbstbewusst) Na, du willst mir doch nicht weismachen, dass ein höherer Beamter zur Firma Sand geht.

Trix: Du denkst zu viel im Querpass, mein Lieber. Aus dir wird nie ein guter Detektiv.

Willibald: (tut zerknirscht) Ich wollte ja auch viel lieber Gärtner werden.

Trix: Und warum bist du es nicht geworden, he?

Willibald: Weil ich erstens dich getroffen habe und zweitens dachte, dass zwei schlechte Detektive besser sind als einer … Soll ich klingeln?

Trix: Ja, du Aussichtsturm, aber nicht so stürmisch, es ist schließlich Mitternacht vorbei …

Willibald: Ehrlich gesagt, mir sind Gartentore unsympathisch.

Trix: Aus welchem Grund … (ruft erschrocken) He, nimm den Finger von der Klingel.

Willibald: Du liebe Güte, hatte ich ganz vergessen … Sie sind mir deshalb unsympathisch, weil man vom Fenster immer gleich sehen kann, wer draußen steht …

Diener: (über Hauslautsprecher) Bitte, wer ist draußen?

Trix: Hier spricht Archibald Trix, ich habe dringend mit Monsieur Suvillard zu sprechen.

Diener: (steif) Mein Herr, der Herr Botschaftsrat schläft um diese Zeit.

Trix: (steif zurück) Mein Herr, ich kann mir denken, dass der Herr Botschaftsrat um diese Zeit keine Fliegen fängt. Und Sie sollten sich denken können, dass wir um diese Zeit nicht aus Spaß hier erscheinen. (forsch) Ich bin Privatdetektiv.

Diener: Ich werde sofort öffnen ...

Sekunden später tönt der elektrische Türsummer, und Archibald Trix und Willibald Poppkorn gehen den Kiesweg entlang zum Haus, wo bereits der Diener ihrer harrt.

Diener: Eine sehr ungewöhnliche Zeit, meine Herren.

Willibald: (tut geheimnisvoll) Seien Sie froh, dass Sie keine Auster sind.

Diener: (geziert) Warum soll ich da froh sein?

Willibald: Weil ich Austern nicht ausstehen kann ...

Diener: (reserviert) Darf ich jetzt wissen, worum es sich handelt.

Trix: Das werden wir Monsieur Suvillard selbst sagen. Wecken Sie ihn nur ...

Diener: Ich werde Sie ins Besucherzimmer führen ... Bitte, folgen Sie mir ...

Die Minuten vergehen. Die beiden Detektive haben es sich in dem elegant möblierten Besucherzimmer bequem gemacht.

Willibald: Scheint einen festen Schlaf zu haben, der Herr Botschafter.

Trix: Botschaftsrat, Willibald!

Willibald: (ärgerlich) Ist doch wurscht ... jetzt warten wir schon zwanzig Minuten.

Trix: Zehn!

Willibald: Na ja, ich meine ja nur, wenn wir jetzt noch mal zehn Minuten warten, warten wir zwanzig.
(die Tür öffnet sich)

Suvillard: (gähnend, französischer Akzent) Guten Morgen, meine Herren ... reichlich früher Besuch ...

Trix: Es tut uns leid, dass wir Sie um Ihre Nachtruhe bringen müssen. Auf der anderen Seite ist ein Vorkommnis von solcher Wichtigkeit Grund genug zum Eindringen.

Suvillard: Welches Vorkommnis? ... Sie drücken sich so vorsichtig aus, als wollten Sie mir mitteilen, dass man meine Großmutter entführt hat, hehehehe ...

Trix: Ich beneide Sie um Ihren Humor zu so nachtschlafender Zeit, Monsieur. Zur Sache: Kennen Sie einen Herrn Sand in der Firma Egon Maxemilian Sand, Antiquitäten usw.?

Suvillard: (lebhaft) Und ob ich den kenne, meine Herren. Und deshalb kommen Sie mitten in der Nacht zu mir?

Trix: (flüstert) Was ist los, Willibald?

(eine Tür wird aufgerissen)

Diener: (schmerzerfüllt) Au, mein Kopf!

Willibald: (höchst befriedigt) Ich kann gar nicht leiden, wenn jemand an der Tür lauscht.

Suvillard: Meine Herren, Sie werden mir langsam unheimlich ... Darf ich endlich erfahren?

Trix: Sie haben doch Herrn Sand einen goldenen Anhänger übergeben?!

Suvillard: Oh ja, ein altes Erbstück ... Ich war mir über den augenblicklichen Wert nicht ganz sicher, und Herr Sand sollte es schätzen.

Trix: Soso, er sollte es schätzen ... Inzwischen ist einiges geschehen. Der goldene Anhänger wurde heute Nacht gestohlen.

Suvillard: (entsetzt) Gestohlen??

Trix: Ja, gestohlen.

Suvillard: Ich bin entsetzt. Wer stiehlt einen Anhänger?

Trix: Das versuchen wir herauszubekommen. Aber schließlich war es nicht nur ein einfacher Anhänger. Mit seinem kostbaren Inhalt von zehn Rubinen stellt er ja einen beträchtlichen Wert dar.

Suvillard: (erregt) Woher wissen Sie das? Kein Mensch hat von diesem Geheimnis gewusst ...

Trix: Hm, interessant ...

Suvillard: Nur der Dieb kann davon wissen.

Trix: Ich habe mir fast gedacht, dass der Anhänger noch eine wichtige Rolle spielen wird ...

Suvillard: Und Sie glauben, dass Sie das kostbare Stück wieder herbeischaffen können?

Trix: Wir werden unser Möglichstes tun. Darauf können Sie sich verlassen. Außerdem liegt Herrn Sand ebenfalls viel an dem Wertstück ... Willibald, wie spät ist es?

Willibald: Es ist jetzt ... 2 Uhr 38.

Trix: Dann wollen wir nicht länger stören, Monsieur Suvillard, sondern unsere Untersuchung fortsetzen.

Zwei Minuten später sitzen die Detektive bereits wieder in ihrem Wagen.

Willibald: (seufzt) Ade, mein schönes weiches Kopfkissen ...

Trix: Stöhne nicht, mein Freund. Spätestens halb vier Uhr liegen wir im Bett. Übrigens, hast du alles notiert?

Willibald: (beleidigt) Seh ich aus, als ob ich geschlafen hätte?

Trix: Spiel nicht die gekränkte Leberwurst. Und fahr ein bisschen schneller ...

Willibald: Einmal soll ich langsamer fahren, dann wieder schneller ... Wäre ich nur Bauer geworden ...

Trix: Ich denke, Gärtner war dein Traumberuf?

Willibald: Ist ja egal ... hm, wo fahre ich eigentlich hin?

Trix: Zurück zu Sand!

Willibald: Würde ich jetzt auch essen ...

Trix: Was?

Willibald: Sandkuchen ...

Trix: Fresssack. Erinnere mich dann dran, dass ich Herrn Sand frage, warum er den Abend im Geschäft verbracht hat und nicht ein einziges Mal auf die Straße gegangen ist.

Willibald: Na eben. Schließlich hätte er ja nachsehen können, in welche Richtung die Diebe gelaufen sind, hehe ...

Trix: Was gibt's da zu lachen?

Willibald: Herrje, man wird wohl noch mal ohne Grund lachen dürfen. Ich hatt' gerade meine lustigen Sekunden ... So, da wären wir wieder. Hoffentlich ist der gute Sand nicht inzwischen im Stehen eingeschlafen.
(Halten des Wagens, Autotürenschlagen, Schritte, Tür, Ladenglocke)

Willibald: Au! Wenn es hier wenigstens ein Notlicht gäbe.

Sand: Da sind Sie ja endlich ... ich dachte schon, Sie würden mich bis zum hellen Morgen hier sitzen lassen ...

Trix: So lange waren wir ja gar nicht weg.

Sand: (gespannt) Wie hat es Monsieur Suvillard aufgenommen? Haben Sie das Stück bei ihm gefunden?

Trix: Leider nicht. Aber immerhin haben wir interessante Dinge bei ihm erfahren.

Sand: (unbehaglich) So – was denn?

Trix: Ach, das würde Sie sicher nicht interessieren ... Bleiben Sie nur oben, ich komme zu Ihnen hinauf ...

Archibald Trix steigt gemütlich Stufe um Stufe zum Büro des Herrn Sand hinauf.

Sand: Und Ihr Gehilfe?
Trix: Sucht weiter nach Spuren ...
Willibald: (ruft) He, Herr Sand – was ist das für eine Tür?
Sand: Die führt nur in einen kleinen Abstellraum.
Willibald: Da möchte ich gern mal hineinsehen.
Sand: (ungeduldig) Aber wozu denn? Als die Einbrecher im Geschäft waren, war die Tür abgeschlossen.
Willibald: Oh, das macht nichts ... Ehrenwort ...
Sand: Meinetwegen. Der Schlüssel liegt oben auf dem Türrahmen. (theatralisch) Bitte, großer Meister, treten Sie ein. (seufzt) Ich werde mich wohl damit abfinden müssen, meiner Versicherung den Schaden anzuzeigen.
Trix: Aber nicht doch, lieber Herr Sand. Es ist alles eine Frage der Zeit. Ach, da fällt mir noch etwas ein ... Entschuldigen Sie mich bitte einen Augenblick ...

Trix verlässt eilig den Raum und hastet die Treppen in den Verkaufsraum hinunter.

Trix: He, Willibald!
Willibald: Ja, was gibt's?
Trix: Hier, fahr zu dieser Adresse. Durchsuche alles und komme dann sofort zurück. Spätestens in einer halben Stunde bist du wieder da ... Es ist keine fünf Minuten weit ...
Willibald: In Ordnung. Hier – was ich gefunden habe.
Trix: Einen Regenschirm – na und?

Willibald: Einen nassen Regenschirm ... einen völlig nassen Regenschirm.

Trix: Na schließlich hat es vorhin ganz schön gegossen. Lass den Regenschirm im Moment beiseite und schwirre ab. Ich werde mich inzwischen noch ein wenig unterhalten.

Trix kehrt zu Maxemilian Sand zurück, der ihn bereits ungeduldig erwartet.

Sand: Also ehrlich gesagt, Herr Trix ... ich habe vor Ihrem Beruf, und speziell vor Ihnen, ja großen Respekt, aber ...

Trix: Was aber?

Sand: Ja, aber – wenn ich es mir so recht überlege, so habe ich mir die Arbeit eines Detektivs ganz anders vorgestellt.

Trix: Wie denn?

Sand: Na, dass Sie was tun.

Trix: (freundlich) Ich habe Ihretwegen schon eine ganze Menge getan. Ich bin Ihretwegen aus meinem Bett gekrochen. Ich bin Ihretwegen wie ein Indianer im Wald herumgeschlichen, habe einen halben Botschafter aus dem Bett geholt und sitze jetzt immer noch hier. Und da sagen Sie, ich hätte nichts getan?

Sand: Aber jetzt sitzen Sie seit fast einer halben Stunde hier in meinem Büro und tun nichts.

Trix: Ich tue etwas sehr Wichtiges.

Sand: Ach??

Trix: Ja, ich warte – und ich überlege.

Sand: Und worauf warten Sie – wenn ich mir diese Frage erlauben darf?

Trix: Sie dürfen. Ich warte auf Willibald Poppkorn, meinen Gehilfen.

Sand: Und wann kommt der?

(die Ladenglocke klingelt)

Trix: (lächelnd) Sehen Sie, lieber Herr Sand, diese nette Einrichtung enthebt mich einer Antwort.

Willibald Poppkorn poltert die Treppen herauf.

Trix: Hören Sie, wie er kommt? Nicht zu überhören.

Sand: Ich glaube, mir wird das jetzt alles ein bisschen zu viel. Die Aufregungen ... schließlich bin ich nicht mehr der Jüngste ...

Willibald: (schnaufend) War ich lange?

Sand: Lange genug ...

Trix: Wie steht's, Willibald?

Willibald: Du hattest recht – alles klar!

Sand: Wie – meinen Sie – das?

Trix: Wir sind den Tätern auf der Spur ... Hart sogar, lieber Herr Sand. Wollen wir am besten noch einmal alles zusammenfassen. Willibald, lies deine Aufzeichnungen vor ...

Willibald: Du liebe Güte – alles?

Trix: Alles!!

Willibald: Anruf von Herrn Sand aus seinem Büro nach 23 Uhr. Mitteilung, dass Wertstück gestohlen wurde. Wir fahren hierher. Scheibe zertrümmert, Scherben liegen auf dem Fußweg verstreut. Herr Sand berichtet, dass er Täter im Schein seiner Taschenlampe gesehen hat. Aus ihren Zurufen entnahm er, dass sie zum Hexenhaus wollten. Im Hexenhaus keine Spuren. Geschäftsraum durchsucht, zunächst wenig Erfolg. Fahrt zu Herrn Suvillard. Dieser beteuert, dass außer ihm niemand vom Inhalt des Schmuckstückes weiß. Fahrt zurück zu Herrn Sand ... ach, da fällt mir ein, du wolltest Herrn Sand fragen, warum er den heutigen Abend im Geschäft verbracht hat ...

Trix: Stimmt, das wollte ich ...

Sand: (beleidigt) Ich habe den ganzen Tag und den ganzen Abend wichtige Bestandsaufnahmen gemacht ... Ich hatte nicht einmal Zeit, mir eine Nase voll Luft zu holen ...

Trix: Gut, gut ... lies weiter, Willibald!

Willibald: Zweite Untersuchung des Ladens. Aber außer nassem Regenschirm nichts gefunden. Dann Sonderauftrag. Zur Zufriedenheit gelöst. Tja, das wär's.

Sand: Da werde ich nicht klug ...

Trix: Ganz einfach ... (nimmt Telefonhörer ab) Nanu ... ich wollte gern mal telefonieren ...

Sand: Tut mir leid ... Das Telefon ist seit zwei Tagen defekt ... Man wollte zwar einen Mechaniker schicken, aber ... Sie wissen ja, wie das so ist ...

Trix: Genauso habe ich mir die Geschichte vorgestellt ... Herr Sand, ich werde Sie verhaften lassen. Sie sind der Dieb des Schmuckstückes.

Sand: (wütend) Fast habe ich es geahnt ... Hätte ich Sie doch nie geholt ... ich hatte mir alles so gut zurechtgelegt ...

Trix: Sie haben fünf entscheidende Fehler gemacht ... Diese fünf Fehler allein hätten schon ausgereicht, Sie zu überführen ...

Sand: (höhnisch) Sie werden mir nichts nachweisen können ... gar nichts. Wie wollen Sie beweisen, dass ich das Schmuckstück habe?

Trix: Kleiner Irrtum, Herr Sand. Sie haben es ja gar nicht mehr.

Willibald: Und wenn Sie wissen wollen, warum: weil es der liebe gute alte Willibald Poppkorn hat. Hier, ich fand es in Ihrer Wohnung zwischen ... den Winterstrümpfen ...

Sand: (zähneknirschend) Sie sind ein Schuft ...!

Willibald: Und wenn Sie meine Meinung hören wollen: Ein

besonders geistreichesVersteck war es nicht gerade … In den Winterstrümpfen, nein, Herr Sand … das ist ja direkt primitiv …

Die Ladenglocke klingt auf. Für einen Augenblick huscht ein Hoffnungsstrahl über Herrn Sands blasses Gesicht. Doch Archibald Trix klopft ihm auf die Schultern

Trix: Erschrecken Sie nicht, Herr Sand. Das ist nur die Polizei. Willibald hat sie aufmerksamkeitshalber gleich mit verständigt.

So weit Fall Nummer 3 mit dem Titel:
Ein Fall für Archibald Trix.

Herr Maxemilian Sand machte fünf entscheidende Fehler. Fünf Fehler, die Archibald Trix genügten, um Herrn Sand zu überführen.

Um welche fünf Fehler handelt es sich?

Wer knackt die Nuss?

Fall Nummer

4

Überfall im Tulpen-Express

DIE PERSONEN:

Paul van Longen, Kriminalinspektor
Oskar Venensen, Schlafwagenschaffner
Schweizer
Händler
Jäger
Reporter
Mutter
Jens
} Reisende
Ober im Speisewagen
Postbeamter 1
Postbeamter 2

DIE SCHAUPLÄTZE:

Vier Wagen des FD-Zuges 2110:
Schlafwagen
Wagen der 1. Klasse
Speisewagen
Postwagen

Dienstag, 29. März.

Der FD-Zug 2110, Tulpen-Express genannt, hat vor wenigen Minuten die deutsch-niederländische Grenze passiert.

Es ist kurz nach 21 Uhr.

Oskar Venensen, der Schlafwagenschaffner, ist guter Laune und nicht abgeneigt, ein Schwätzchen zu riskieren. Zielbewusst steuert er auf ein Abteil zu, an dessen Tür ein kleines, aber nicht zu übersehendes Schild hängt – »Reserviert«.

Das Abteil hat nur einen einzigen Fahrgast: Inspektor Paul van Longen von der Amsterdamer Kriminalpolizei. Er reist zu einem Interpolkongress nach München.

Oskar: Guten Abend, Herr Inspektor ... Ich wollte Ihnen nur sagen, dass Sie Ihr Schlafwagenabteil benutzen können.

Inspektor: So, kann ich das? Besten Dank ... ich befürchte nur, dass ich noch nicht schlafen kann ... Haben Sie nicht Lust, noch eine Zigarette mit mir zu rauchen, Herr Venensen?

Oskar: (freudig) Doch, sehr gern ... Herr Inspektor.

Inspektor: Wie oft habe ich Ihnen schon gesagt, Sie sollen mich nicht Inspektor nennen ... Ich bin ein Reisender wie jeder andere auch ...

Oskar: Ich werde es mir merken, Herr van Longen ...

Inspektor: (leutselig) Was macht's Geschäft?

Oskar: Danke ... Mindestens dreißig Betten könnte ich noch gebrauchen ...

Inspektor: Die Menschheit wird immer müder ... Und wie rollen die Trinkgelder?

Oskar: Hm, allzu freigebig ist man trotz allen Wohlstandes heute nicht mehr ...

Inspektor: (scherzt) Sie Ärmster ...

Oskar: Ich hab's ja bald geschafft. In zwei Jahren gehe ich in Pension ...

Inspektor: (nachdenklich) Sagen Sie, Sie müssen doch in den Jahren, in den vielen Jahren, in denen Sie auf den Schienen herumgegondelt sind, eine Menge erlebt haben?

Oskar: Ja, so hin und wieder schon ... Aber eigentlich nie etwas besonders Aufregendes ... Und in den letzten Jahren ist es ziemlich ruhig geworden. Nur beschweren tun sich die Leute noch immer.

Inspektor: Beschweren? Worüber denn?

Oskar: Über alles. Über die zu kurzen Betten, über die zu schmalen Betten. Über den Untermann, über den Obermann. Über das Wasser in den Karaffen, über die Fenster, die Achsen und die Bettwäsche. Dem einen ist's zu warm, dem anderen zu kalt ... (seufzt) Ja, so ist das nun einmal ...

Inspektor: (lachend) Wenn man Sie so hört, könnte man direkt Mitleid bekommen.

Oskar: Oh, das wäre unangebracht. Mich stören diese Nörgeleien grundsätzlich nicht mehr. Ich habe mir schon vor vielen Jahren das sogenannte Mona-Lisa-Spiel angewöhnt ...

Inspektor: Und wie geht dieses Spiel?

Oskar: Ich lächle ... Manchmal so viel, dass mir die Mundwinkel wehtun ... Tja, manchmal habe ich mir ja gewünscht, dass auch mal in meinem Zug etwas richtig Aufregendes geschehen würde, aber ...

Inspektor: Seien Sie froh, dass Sie von solchen Dingen verschont geblieben sind. Sehen Sie mich an. Ich bin in meinem Leben schon so vielen Halunken begegnet, dass ich froh bin, wenn mir ab und zu auch mal eine ehrliche Haut über den Weg läuft.

Oskar: Vielleicht haben Sie recht ...

Inspektor: Nicht nur vielleicht, bestimmt sogar. So, das wär's. Gehen wir schlafen ... Es geht nichts über eine ruhige Nacht ...

Und weiter rollt der Tulpen-Express mit unverminderter Geschwindigkeit durch die Nacht.

Während Kriminalinspektor Paul van Longen in sein Bett klettert, macht es sich Oskar Venensen in seinem Abteil bequem, so gut wie es eben geht.

Durchquert man den Schlafwagen, gelangt man zum Postwagen. Diesem wiederum schließt sich der letzte Waggon des Zuges an: ein 1.-Klasse-Wagen. Geht man in die entgegengesetzte Richtung, kommt man zum Speisewagen. Der Schlafwagen befindet sich also genau zwischen Speise- und Postwagen.

Es ist inzwischen 21 Uhr 50 geworden. Im zweiten Abteil des letzten Wagens sitzen sechs Fahrgäste. Eine Frau mit einem zwölfjährigen Jungen und vier Männer.

Zwei davon sind in eine Schachpartie vertieft, der dritte liest Zeitung und der vierte starrt unentwegt durch die Scheibe, obwohl außer den schemenhaft vorbeihuschenden Lichtern nichts zu sehen ist.

Jäger: Schachmatt!!

Händler: Teufel nochmal, stimmt ... kein Ausweg mehr ...

Jens: (neugierig) Haben Sie verloren?

Mutter: (tadelnd) Jens, sei nicht so vorlaut.

Händler: Aber lassen Sie ihn doch, junge Frau. Jawohl, mein Sohn, ich habe verloren. Eigentlich kommt das nicht allzu oft vor; aber dieser Herr spielt zu gut.

Jäger: Trösten Sie sich: Jahrelang war das Schachspielen meine einzige Zerstreuung ... Da lernt man so manchen Kniff kennen.

Händler: (lachend) Sie werden diese Kniffe doch nicht etwa im Gefängnis gelernt haben ... (entschuldigend) Bitte, das sollte nur ein Scherz sein.

Jäger: Ich bin nicht empfindlich. Außerdem hatte mein Aufenthaltsort eine gewisse Ähnlichkeit mit einem Gefängnis ... Das hing von den Jahreszeiten ab ... Ich war 14 Jahre lang Jäger für eine große Mission auf Borneo.

Händler: Interessant. Und Ihre Schachpartner? Das waren doch nicht etwa Eingeborene?

Jäger: Nein. Ich spielte mit zwei Missionaren ... Das heißt, nur die erste Zeit, dann nur noch mit einem.

Händler: Der andere ging wohl in seine Heimat zurück?

Jäger: Er verließ eines Morgens die Mission, um zu einem Stamm zu gehen, bei dem angeblich Menschenopfer dargebracht werden sollten. Er kam nie zurück ... Keiner konnte etwas über sein Verschwinden herausbringen ...

Händler: Da ist mein Leben doch in ruhigeren Bahnen verlaufen. In meinem Geschäft geht zwar auch die ganze Welt ein und aus – aber leider nur auf Briefmarken.

Jäger: Ah, Sie sind Briefmarkenhändler?

Händler: Ja.

Reporter: Verzeihung, wenn ich mich in Ihre Unterhaltung mische. Darf ich fragen, ob Sie auch auf Guinea waren?

Jäger: Ja, war ich auch. In der Gegend von Hollandia.

Reporter: (eifrig) Kenne ich. Ich bin nämlich Reporter und habe vor einem halben Jahr im Papualand eine Reportage gemacht.

Jäger: So, Reporter sind Sie. Deshalb starren Sie seit einer halben Stunde ununterbrochen in Ihre Zeitung. Und immer auf den gleichen Fleck.

Reporter: Donnerwetter, Sie sind ein guter Beobachter.

Jäger: Eine Eigenschaft, die wohl jeder Jäger an sich hat.

Reporter: Und ich sehe immer in die Zeitung, wenn ich an nichts denken will.

(beide lachen)

Jens: Wo haben Sie denn Ihren Fotoapparat, wenn Sie ein Reporter sind?

Reporter: Ich bin kein Bildreporter, sondern ein schreibender, verstehst du das?

Jens: Klar!

Händler: Und der Unterschied, mein Sohn, liegt darin, dass der eine uns mit Worten und der andere mit Bildern beschwindelt.

Reporter: Oh, Sie tun unserem ehrbaren Beruf unrecht ...

Und bald ist eine angeregte Unterhaltung im Gange.

Der Händler erzählt von Briefmarken, Fehldrucken, Wasserzeichen, Ersttagsbriefen und Sonderstempeln. Der Jäger berichtet von gefährlichen und auch heiteren Jagdabenteuern, während der Reporter Begegnungen mit interessanten Menschen schildert. Nur der vierte Mann beteiligt sich nicht am Gespräch. Nach wie vor starrt er fast bewegungslos zum Fenster hinaus.

Und dann spricht er plötzlich doch. Der starke schweizerische Akzent ist unüberhörbar.

Seine Worte richten sich an den Briefmarkenhändler, der sich gerade anschickt, eine Zigarre in Brand zu setzen.

Schweizer: Bitte, mein Herr, darf ich Sie darauf aufmerksam machen, dass dies ein »Nichtraucherabteil« ist.

Händler: Oh, bitte entschuldigen Sie ... Tja, dann werde ich wohl einen Spaziergang zum Speisewagen machen.
Jäger: Ich komme mit ...
Reporter: Wenn die Herren nichts dagegenhaben, schließe ich mich ebenfalls an ...

Bis auf zwei ältere Damen ist der Speisewagen leer. Sie setzen sich zusammen an einen Ecktisch.

Ober: Was darf ich Ihnen bringen, meine Herren?
Händler: Ich trinke ein Bier ...
Jäger: Für mich das Gleiche ...
Reporter: Mir bringen Sie bitte ein Kännchen Kaffee.
Ober: Bitte sehr ...
Reporter: (hantiert, verärgert) So was Dummes ...
Jäger: Was suchen Sie denn?
Reporter: Ich habe mein Geld im Abteil gelassen ... Bitte, entschuldigen Sie mich für einen Augenblick ...
Jäger: Typisch Reporter ... Das Wichtigste vergessen sie ...

Es ist 22 Uhr 4 Minuten geworden. Die bisher bekannten Personen verteilen sich zu diesem Zeitpunkt wie folgt:

Der Briefmarkenhändler, der Jäger und der Reporter haben sich in den Speisewagen begeben. Oskar Venensen, der Schlafwagenschaffner, bummelt gerade durch den Schlafwagengang, während Inspektor Paul van Longen bereits in seinem Abteil fest schläft. Auch die Frau und der zwölfjährige Junge sitzen noch im gleichen Abteil und schlafen. Ihnen schräg gegenüber lehnt der Mann mit dem schweizerischen Akzent und blickt nach wie vor durch das Fenster.

22 Uhr und 8 Minuten.

Ein Mann hat den Gang des Schlafwagens betreten. Alles an ihm ist gespannt. Vorsichtig schiebt er seinen Kopf um die Ecke und fährt im gleichen Augenblick erschrocken zurück, als er den Schlafwagenschaffner müde auf sich zutrotten sieht. Blitzschnell huscht er in den kleinen Waschraum zu seiner Rechten.

Vier ... fünf Minuten vergehen. Dann öffnet sich die Tür des Waschraums wieder. Zögernd, nach allen Seiten sichernd, tastet sich der Mann heraus. Dann durchquert er mit schnellen, leisen Schritten den Gang des Schlafwagens. Er überschreitet das ratternde Verbindungsstück zum Postwagen. Und wieder wirft er einen forschenden Blick in den Gang. Doch niemand ist zu sehen.

Der Geheimnisvolle entfaltet eine fieberhafte Tätigkeit. Seine Hand fährt unter das Jackett und Sekunden später hat er sich einen dünnen schwarzen Umhang übergezogen. Einen Umhang, der vom Hals bis zu den Knöcheln reicht. Eine ebenfalls schwarze Kapuze vervollständigt die Maskerade.

Bevor er seinen Weg fortsetzt, streift er sich noch ein Paar Handschuhe über. Fünf Meter sind es bis zum Sortierraum. Der Fremde schafft es in drei raschen Sprüngen.

Als er die Tür aufreißt, ist es genau 22 Uhr 14.

Die beiden Bahnpostbeamten stehen wie gelähmt. Ihre Augen starren entsetzt auf die gespenstische Erscheinung neben der Tür. Aber es ist nicht die Gestalt allein, die ihnen kalte Schauer über den Rücken laufen lässt. Es ist in erster Linie der Lauf einer Pistole, der ihnen Furcht einflößt.

Täter: (mit starkem schweizerischen Akzent) Schnell die Arme hoch, meine Herren. Und bitte keine Bewegung, die mir missfallen könnte.

Beamter 1: (ängstlich) Was ... was ... was wollen Sie denn?

Täter: Das, mein Lieber, werden Sie noch rechtzeitig erfahren ... Ich interessiere mich vor allen Dingen für eine bestimmte Art von Post ... (barsch) Arme oben lassen!!!

Beamter 2: (hoffnungsvoll) Man wird Sie greifen, bevor Sie aus dem Zug sind.

Täter: Oh, Monsieur, das lassen Sie mal meine Sorge sein. Ich war schon bei mancher Jagd der Schnellere ... Sie da, kommen Sie ... und schön die Arme oben lassen ... so ist es gut ... drehen Sie sich um ... Voilà, hier haben Sie zwei Schnüre. Binden Sie Ihrem Kollegen Hände und Füße zusammen ...

Beamter 1: (protestierend) Ich werde das nicht ...

Täter: (fällt ihm ins Wort) Ich habe keine Zeit, wie Sie sich vorstellen können. Los, Beeilung!!

Beamter 1: Was soll ich machen, Max ... es tut mir leid.

Beamter 2: Mach schon, es kommt auch wieder anders ...

Alles Zähneknirschen hilft nichts. Wenig später sitzen sie gefesselt nebeneinander auf einer Bank. Zu allem Übel hat ihnen der Fremde noch einen Knebel in den Mund gesteckt.

Täter: So, und jetzt werden wir uns mal an die Arbeit machen. Ich nehme an, dass die Wertsendungen hier in diesem Schrank sind ... (hantierend) aha, dachte ich es mir doch ... (ruft erfreut aus) Heiliger Mauritius ... das ist genau das, was ich suche ... na, meine Herren, ist das nicht schnell gegangen?!
(einer der beiden versucht trotz Knebel zu sprechen)

Täter: (spöttisch) Aber, aber, Monsieur, wer soll das verstehen. Und damit Ihnen der Abschied nicht so schwer fällt, werde ich ein wenig das Licht ausschalten.

Das Licht verlöscht. Die beiden Gefesselten hören den Dieb hantieren, sie hören, wie etwas auf den Boden fällt, und sie sehen, wie der Fremde schemengleich blitzschnell durch die Tür gleitet ...

22 Uhr 24 Minuten. Oskar Venensen sitzt auf seinem Klappstuhl am Ende des Schlafwagenganges. Überrascht sieht er auf, als er plötzlich hinter sich eine freundliche Stimme hört.

Reporter: Na, Sie Ärmster, immer noch im Dienst?

Oskar: Jawohl, mein Herr. Es ist mein Schicksal, munter zu sein, wenn meine Kundschaft schlummert.

Reporter: Sicher haben Sie Übung darin ... Wer war eigentlich dieser Verrückte, der eben durch den Gang rannte?

Oskar: (verwundert) Ich habe niemand gesehen ...

Reporter: So, das ist ja eigenartig ... Ich will noch einen Kaffee trinken gehen.

Oskar: So spät noch?

Reporter: Das ist sozusagen mein Schlafmittel ... Hoffentlich ist er noch nicht kalt. Ich hatte nämlich mein Geld vergessen ... Also – weiterhin guten Dienst!

Oskar: Danke ... danke ...

Händler: Na, Sie haben ja Nerven. Glauben Sie wirklich, dass Ihr Kaffee jetzt noch heiß ist?

Reporter: Ich habe noch etwas in meinem Koffer gesucht. Und ein Schwatz mit dem Schlafwagenschaffner kam auch noch dazwischen ...

Jäger: Starrt unser Nichtraucher immer noch zum Fenster hinaus?

Reporter: (nachdenklich) Der? Jetzt fällt mir das erst auf – der war ja gar nicht im Abteil.

Händler: Ich habe mal gelesen, dass es Leute geben soll, die sich nur mit der Absicht in ein Nichtraucherabteil setzen, um einen vergesslichen Raucher das Fürchten zu lehren.

Jäger: Solche Leute gibt es garantiert. Ich habe mal einen gekannt, der wollte durchaus wissen, ob es ihm beim tiefen Fall auch im Bauch kitzeln würde. Wissen Sie, was der gemacht hat?

Reporter: Ich nehme an, dass er es ausprobiert hat.

Jäger: Richtig. Er ist von einer sechzig Meter hohen Eisenbahnbrücke heruntergesprungen.

Händler: (erschrocken) Das ist ja furchtbar.

Jäger: (voller Schalk) Wieso furchtbar. Ihm ist nicht das Geringste geschehen …

Reporter: Das ist nicht möglich!

Jäger: (lachend) Ihm ist nichts passiert, weil er auf eine Weiche gefallen ist …

Man lacht und ist guter Laune, trotz vorgerückter Stunde.

22 Uhr 55 Minuten. Das ist der Zeitpunkt, an dem der Schlafwagenschaffner Oskar Venensen einen guten Einfall zu haben glaubt. Er beschließt nämlich, seinen Kollegen im Postwagen einen Besuch abzustatten.

Als er drei Minuten später die Tür des Postwagens öffnet, ist er verwundert, kein Licht brennen zu sehen … doch da stutzt Oskar Venensen. Merkwürdige Geräusche sind an sein Ohr gedrungen … er schaltet das Licht ein – und erschrickt.

Oskar: Was … was … was ist denn mit euch los?

Doch endlich begreift er. Mit einem Satz ist er bei den Gefesselten und löst mit wenigen Handgriffen die Stricke.

Beamter 1: (etwas schwerfällig) Zum Donner ... mein Mund ist trocken wie Watte ...
Beamter 2: Du hättest auch ein wenig früher kommen können, Oskar.
Oskar: (fassungslos) Wer hat das getan?
Beamter 1: Er trug einen schwarzen Umhang mit Kapuze ...
Beamter 2: Da ... da liegt das Zeug. Er hat es hiergelassen.
Beamter 1: (verblüfft) Sieh nur, das ist ja eine Spielzeugpistole ...
Beamter 2: (ärgerlich) So ein Schuft ... der hat uns ganz schön reingelegt ...
Oskar: Hat er was gestohlen?
Beamter 1: Ja, er war bei den Wertsendungen ... Er sprach wie ein Schweizer ...
Oskar: (lebhaft) Ich habe einen Einfall. Lasst alles, wie es ist, und ich wecke Herrn van Longen. Der ist von der Polizei ...

Oskar Venensen hastet zurück. Wenig später steht er vor van Longens Abteil und klopft.

Oskar: (leise, aber drängend) Hallo, Herr van Longen ... (neuerliches Klopfen)
Hallo, Herr van Longen ...
Inspektor: (verschlafen) Was ist denn los?
Oskar: Ich bin's, Oskar, der Schlafwagenschaffner ... Sind Sie wach?
Inspektor: Nein, ich schlafe noch ...
Oskar: Ich muss Sie dringend sprechen, Herr Inspektor ...

Inspektor: (die Tür öffnend) Der fromme Bimbam soll Sie holen, Oskar! Was ist denn geschehen?

Oskar: Der Postwagen ist überfallen worden.

Inspektor: (ungläubig) Der Postwagen? ... Wenn Sie jetzt nicht vor mir stünden, würde ich sagen, dass ich träume ... Erzählen Sie die Einzelheiten.

Oskar: Ich weiß nicht viel. Ich habe die beiden Postbeamten eben gefesselt gefunden. Auf dem Boden lagen ein schwarzer Umhang und eine Pistole ... (leise) Eine Spielzeugpistole ... Es muss jemand aus der 1. Klasse gewesen sein.

Inspektor: Wieso?

Oskar: Weil ich die ganze Zeit im Gang gewesen bin – hier ... Und an mir ist niemand vorbeigekommen.
(Stimmengemurmel nähert sich)
(leise) Es kommt jemand ... ah, es sind drei Herren ... den einen kenne ich. Der ist vorhin schon hier vorbei ...

Inspektor: Ich ziehe mich an. Wenn die drei Männer verschwunden sind, schließen Sie den letzten Wagen ab. Vielleicht haben wir Glück und der Täter ist wirklich einer aus der 1. Klasse. Ich komme sofort zum Postwagen..

Oskar: Ist gut, Herr van Longen.

Als Inspektor van Longen den Postwagen betritt, haben sich die beiden Beamten bereits wieder beruhigt.

Inspektor: Was können Sie mir über den Täter sagen?

Beamter 1: Nicht viel, Herr Inspektor, er war ja vermummt.

Inspektor: Ich nehme an, dass es sich um einen Berufsgauner handelt ...

Beamter 2: (eifrig) Stimmt. Er hat gesagt, dass er schon manche Jagd überstanden hat ...

Inspektor: Haben Sie festgestellt, was gestohlen wurde?

Beamter 1: Ja, Herr Inspektor, er hat nur ein einziges Wertpäckchen mitgenommen. Es war auf 50 000 DM versichert.

Inspektor: War das Päckchen groß?

Beamter 1: Nicht größer als meine Hand …

Inspektor: Er scheint genau gewusst zu haben, was er finden wollte. Ich werde mir mal jetzt die Leute in der 1. Klasse ansehen … Sollte Ihnen noch etwas einfallen, lassen Sie es mich wissen …

23 Uhr 18. Inspektor van Longen sitzt in Oskar Venensens Dienstabteil.

Inspektor: Sie sagten doch, dass Ihnen im Gang jemand begegnet sei.

Oskar: Ja, einer der drei Herren, die vorhin aus dem Speisewagen kamen. Er sitzt in der 1. Klasse …

Inspektor: Dann bitten Sie ihn zu mir …

Oskar: Und was soll ich sagen, wenn man mich nach dem »Warum« fragt?

Inspektor: Dann sagen Sie, dass die Polizei bemüht ist, etwas aufzuklären. Einzelheiten wüssten Sie nicht.

Inspektor: Hier ist Ihr Pass, besten Dank. Sie sind also Reporter.

Reporter: Stimmt haargenau. Aber ich verstehe nicht, warum ich Ihnen Rede und Antwort stehen soll – zudem noch mitten in der Nacht.

Inspektor: Ich bin Inspektor van Longen von der Amsterdamer Kriminalpolizei.

Reporter: Heiliger Mauritius, dann gibt's sicher etwas für mich zu schreiben.

Inspektor: Vorerst nur zu reden. Man hat Sie nämlich in der fraglichen Zeit im Gang des Schlafwagens gesehen.

Reporter: Ganz recht. Ich bin mit zwei Herren aus meinem Abteil in den Speisewagen gegangen. Und zwar in erster Linie deshalb, weil sich der Schweizer darüber aufregte, dass jemand rauchen wollte. In einem »Nichtraucher«, verstehen Sie.

Inspektor: (neugierig) Ein Schweizer?

Reporter: Ich nehme an, dass es einer ist, obgleich er kaum den Mund aufgemacht hat. Tja, im Speisewagen stellte ich dann fest, dass ich mein Geld zurückgelassen hatte. Ich holte es, dabei traf ich den Schlafwagenschaffner ...

Oskar: Stimmt, Herr Inspektor ... Wir sprachen auch zusammen.

Inspektor: Sie können in Ihr Abteil zurückgehen. Wenn es notwendig ist, werde ich Sie noch einmal zu mir bitten.

Reporter: In Ordnung. Und ich wäre Ihnen für eine Information dankbar – sozusagen aus erster Hand.

Inspektor: (zurückhaltend) Wir werden sehen. Wenn Sie in Ihr Abteil kommen, schicken Sie mir bitte den Herrn aus der Schweiz.

Reporter: (frohlockend) Es wird mir ein Vergnügen sein ... (Abteiltür)

Oskar: (leise) Glauben Sie wirklich, dass der Schweizer der Täter ist?

Inspektor: Ich glaube nicht an Wunder. Es wäre das erste Mal, dass ich den Täter auf dem Tablett serviert bekäme.

Schweizer: (aufgeregt) Also bitte, was soll ich hier?

Inspektor: Entschuldigen Sie bitte, mein Herr, aber ich muss leider ein paar Fragen an Sie stellen. Ich bin Kriminalinspektor van Longen. Bitte, nehmen Sie doch Platz.

Schweizer: Was habe ich mit der Kriminalpolizei zu tun?

Inspektor: Es hat sich im Zug etwas ereignet, was einer Untersuchung bedarf. Ich befrage alle Reisenden. Sie sind also keine Ausnahme. Darf ich bitte Ihren Pass sehen?

Schweizer: Bitte sehr, Herr Inspektor. Vielleicht wird es Sie auch interessieren, dass ich seit Amsterdam mein Abteil nicht verlassen habe. Die Dame in meinem Abteil wird Ihnen das bestätigen.

Inspektor: Sicher wird die Dame auch mal geschlafen haben, oder?

Schweizer: (zögernd) Allerdings ... das muss ich zugeben ...

Inspektor: Sie könnten also durchaus in der Lage gewesen sein, unbemerkt Ihr Abteil zu verlassen ... Zum Beispiel in der Zeit, als die anderen Herren im Speisewagen saßen.

Schweizer: (ungehalten) Bitte, natürlich. Es erweckt den Anschein, als hätten Sie bereits eine festgefasste Meinung.

Inspektor: Hier ist Ihr Pass. Ich danke Ihnen ... Sie können jetzt in Ihr Abteil zurückgehen.

Schweizer: (spöttisch) Was, Sie verhaften mich nicht?

Inspektor: Noch nicht, Monsieur ...

Mutter: ... mir ist wirklich nichts aufgefallen, Herr Inspektor. Und wie gesagt, dieser Herr, von dem Sie eben sprachen, hat nicht für eine Sekunde das Abteil verlassen. Er starrte immer nur traurig zum Fenster hinaus.

Inspektor: Aber Sie haben doch auch geschlafen ...

Mutter: (verlegen) Ja, aber immer nur kurz ... Nie länger als zehn Minuten ...

Inspektor: Nun, zehn Minuten ist eine lange Zeit für jemand, der nur einen kurzen Weg zurücklegen muss ...

Mutter: Wenn Sie meinen ...

Inspektor: Sie können jetzt zurückgehen ...

Händler: Ja, ich bin Briefmarkenhändler.

Inspektor: Und Sie sind gemeinsam mit den beiden anderen Herren in den Speisewagen gegangen?

Händler: Stimmt. Der Reporter, der Jäger und ich.

Inspektor: Und dann ist der Reporter ins Abteil zurück, weil er sein Geld vergessen hatte.

Händler: So war es!

Inspektor: Wie lange war er weg?

Händler: (jovial) Ich bitte Sie, Herr Inspektor – ich habe doch nicht auf die Uhr gesehen. Er sagte nur, dass er noch etwas in seinem Koffer gesucht habe.

Inspektor: Sie selbst waren während dieser Zeit im Speisewagen ohne Unterbrechung.

Händler: Ja. Als der Jäger sich die Hände waschen ging, habe ich noch mit dem Ober geschwatzt ...

Jäger: (lebhaft) So ist es, Inspektor. Kurz nachdem der Zeitungsfritze weg war, bin ich in den Waschraum gegangen.

Inspektor: Auf wie viele Minuten schätzen Sie Ihre Abwesenheit aus dem Speisewagen?

Jäger: Vielleicht vier ... fünf Minuten. Länger war ich bestimmt nicht fort.

Inspektor: Sie waren also vor dem Reporter zurück?!

Jäger: Selbstverständlich. Der kam lange nach mir.

Inspektor: Hm, Sie können gehen ... ich danke Ihnen.

Jäger: Dann ist die Sache für mich endgültig erledigt?

Inspektor: Endgültig? Nein, endgültig ist noch gar nichts ...

Inspektor van Longen und Oskar, der Schlafwagenschaffner, sind wieder allein. Nachdenklich blickt der Inspektor vor sich hin; auch Oskar macht keinen sehr zufriedenen Eindruck.

Oskar: Was nun, Herr Inspektor … Machen wir nun im nächsten Abteil weiter?

Inspektor: (sinnierend) Von fünf Befragten vier Verdächtige. Kein besonders ermutigendes Verhältnis.

Oskar: (staunend) Vier?

Inspektor: Der Schweizer könnte es gewesen sein. Es steht einwandfrei fest, dass beide, also die Mutter wie auch ihr Junge, geschlafen haben. Der Reporter könnte es gewesen sein. Sie haben ihn selbst auf dem Gang getroffen.
Der Jäger käme ebenso in Betracht. Es gibt keinen Zeugen dafür, dass er wirklich im Waschraum war.

Oskar: Und der vierte?

Inspektor: Der Schlafwagenschaffner!

Oskar: (verblüfft) Ich?

Inspektor: Rein theoretisch schon … Aber keine Sorge, Sie hebe ich mir für zuletzt auf. Jetzt machen wir erst einmal im nächsten Abteil weiter …

In diesem Augenblick öffnet sich die Tür und einer der beiden Postbeamten tritt ein. Der Inspektor sieht ihn erwartungsvoll an.

Inspektor: Nun, was gibt's …

Beamter 2: Sie sagten doch, wenn uns noch etwas einfallen sollte.

Inspektor: (gespannt) Und – ist Ihnen etwas eingefallen?

Beamter 2: (eifrig) Ja, Herr Inspektor …

Und der Postbeamte berichtet, was ihnen eingefallen ist. Inspektor van Longens Augen glänzen, und während er dem Beamten anerkennend auf die Schulter klopft, sagt er zu Oskar, dem Schlafwagenschaffner:

Inspektor: Und damit hätten wir unseren Mann. Die weiteren Abteile können wir uns sparen.

Oskar: (neugierig) Und – wer ist es?

So weit Fall Nummer 4 mit dem Titel:
Überfall im Tulpen-Express.

Wer beging den Raub im FD-Zug 2110?

Was wird es gewesen sein, was dem Postbeamten plötzlich einfiel und für den Inspektor so wichtig war, dass er daraus Rückschlüsse auf den Täter ziehen konnte?

Jeder aufmerksame Leser wird dieser Hilfe nicht bedürfen, da er zum Zeitpunkt dieser Information bereits mehr weiß, als Inspektor van Longen.

Er kann die Frage beantworten:

Wer beging den Raub im FD-Zug 2110?

Wer knackt die Nuss?

Fall Nummer

5

Der blaue Karton

DIE PERSONEN:

Carsten Quinner, Hoteldetektiv
Olaf Petersen, Chefkoch
Anna, Kaltmamsell
Peter, Boy
Friedrich, Etagenkellner
Katja, Zimmermädchen
Hoteldirektor

DIE SCHAUPLÄTZE:

Mehrere Räume des Hotels »Seeblick«

Es ist Sonnabend. Die Uhr zeigt kurz nach 14 Uhr. Genauer gesagt, 14 Uhr und 12 Minuten.

Im Hotel »Seeblick« sind die letzten Vorbereitungen für die neue Saison abgeschlossen. In der riesigen Küche blitzen Töpfe, Pfannen, Herd und Kacheln, und in den 64 Zimmern ist das letzte Stäubchen dem Staublappen zum Opfer gefallen.

Tagelang wurde gesaugt, gebürstet, abgeseift und kiloweise Silber geputzt.

Der größte Teil der Angestellten jedoch hat das letzte Wochenende dazu benutzt, um noch einmal einen ausgiebigen Besuch zu Hause oder bei Verwandten zu machen. Sie werden erst am Sonntagabend ins Hotel »Seeblick« zurückkehren.

Im Augenblick wirkt das große Haus fast wie ausgestorben. Nur in der Hotelhalle scheint sich etwas zu regen.

Peter, der vierzehnjährige Hotelboy und gleichzeitig Mädchen für alles, steht unruhig in der Portiersloge und telefoniert. Allzuwohl scheint er sich dabei nicht zu fühlen, denn immer wieder blickt er sich ängstlich um …

Peter: (spricht gedämpft) … ich kann doch nicht so laut sprechen, Butze …

– – –

Ich habe es Heini doch gesagt, aber er glaubt's ja nicht. Er ist ein richtiger Pfeifendeckel.

– – –

Ja, an der alten Düne.

– – –

(ärgerlich) Du hast leicht reden, du bist weitab vom Schuss.

– – –

Meinetwegen ... (hastig) Du, da kommt unser Chefkoch aus der Stadt, bleib dran – ich geh' mal schnell in Deckung.

Olaf Petersen, der Chefkoch des Hotels »Seeblick«, hat die Halle betreten. Pfeifend will er sie durchqueren, als er den neben dem Telefon liegenden Hörer entdeckt. Er sieht sich rasch um, doch niemand ist zu sehen. Zögernd tritt er an den Schanktisch und rümpft misstrauisch die Nase, als er den Hörer an sein Ohr hebt.

Koch: Hallo ... Ist dort jemand? ... Hallo ... niemand ...

Olaf Petersen wirft den Hörer kopfschüttelnd auf die Gabel und schlägt den Weg zum Untergeschoss ein.

Kaum ist er verschwunden, als Peter wieder aus seiner Versenkung auftaucht. Schnell wählt er ...

Peter: (gedämpft wie vorher) Ich bin's wieder, Butze. Das war der Koch, der alte Petersen, weißt du ...

– – –

Okay. Ich schnappe es mir eben. Um halb sieben treffen wir uns an der Düne ... Ja, Tschüss!!

Mamsell: Sieh mal einer an – unser Peter!

Peter: (erschrocken) Ach, Sie sind's ...

Mamsell: Ist dir nicht bekannt, dass Privatgespräche eingetragen werden müssen?

Peter: (schnippisch) Doch, Fräulein Kaltmamsell, das ist mir bekannt.

Mamsell: So, und du hast das Gespräch eingetragen? Hm ... Keine Antwort ist auch eine ...

Peter: (trotzig) Was Sie alles denken ...

Mamsell: Warum hast du denn dann so leise gesprochen, he?

Peter: (kleinlaut) Ich … ich … ich wollte es noch eintragen lassen.

Mamsell: Ach, wie niedlich. Du wolltest noch. Ich glaube, wenn man dir jedes Gespräch von deinem Lohn abziehen würde, müsstest du noch draufzahlen.

Peter: So schlimm ist es gar nicht. Und außerdem …

Mamsell: Was außerdem?

Peter: Sie brauchen ja nicht zu petzen. Ich hab's ja damals auch nicht verraten, dass Sie die heruntergefallenen Wurstscheiben wieder verwendet haben.

Mamsell: (holt tief Luft) Also … das ist ja die Höhe … Na ja … ich hab nichts gesehen … Und jetzt sieh zu, dass du in die Wäschekammer kommst. Die alte Emilie will was von dir.

Peter: (seufzt) Ach du grüne Neune. Da muss ich wieder Servietten falten …

Es ist mittlerweile 14 Uhr 30 geworden.

Gehen wir noch einmal zurück. Peter, der Boy, führt ein Telefongespräch. Als der Chefkoch Olaf Petersen die Halle betritt, verschwindet er hinter dem Schanktisch. Der Koch legt den Hörer auf und begibt sich in Hut und Mantel zu den Küchenräumen. Bevor er jedoch die Stufen hinuntergeht, die zur Küche führen, legt er einen mit blauem Papier eingepackten Karton auf einen Servierwagen.

In der Portierloge folgt die kleine Auseinandersetzung zwischen der Kaltmamsell Anna und Peter. Daraufhin schlägt Peter den Weg zum Fahrstuhl ein, während die Kaltmamsell in Richtung Speisesaal verschwindet.

14 Uhr 33 kommt Herr Petersen wieder aus der Küche nach oben.

Bereits auf den letzten Stufen stutzt er. Die restlichen drei Stufen nimmt er mit einem Satz ... Und dann murmelt er überrascht vor sich hin ...

Koch: Ich hatte es doch hierhergelegt ... Es kann doch nicht verschwunden sein ... Sollte ... nein, das glaube ich nicht ...

Mamsell: (spöttisch) Seit wann führen Sie denn Selbstgespräche, Herr Petersen?

Koch: Ach, Sie sind's Anna.

Mamsell: Es macht ganz den Eindruck, als ob Sie etwas suchen würden.

Koch: Hören Sie, Anna, ich habe vorhin einen Karton hier auf den Servierwagen gelegt – jetzt ist er weg.

Mamsell: (spitz) Dann haben Sie ihn eben nicht auf den Servierwagen gelegt.

Koch: (erregt) Machen Sie keine schlechten Witze. Ich träume schließlich nicht am helllichten Tage ... Es muss ihn jemand weggenommen haben ... Sie haben nicht ... vielleicht als Scherz ...

Mamsell: (spielt empört) Ich? Erlauben Sie mal ...

Koch: Haben Sie jemand hier unten gesehen?

Mamsell: Mm ...warten Sie mal ... da war der Peter da ... ich glaube, dass er bei Emilie ist ... den Etagenkellner Friedrich hab' ich vorhin auch gesehen ... mit ein paar Zeitungen unter dem Arm. Wenn ich mich nicht irre, ist er aus dem Rauchsalon gekommen.

Koch: Und sonst?

Mamsell: Sonst niemand.

Koch: Dann muss ich selber sehen ...

Eine Viertelstunde später hat der Chefkoch alle infrage kommenden Personen befragt. Peter, die alte Emilie, den Etagenkellner Friedrich, das Zimmermädchen Katja, den Mixer Bast und Hannes Baier, den zweiten Koch. Es sind alle Personen, die sich zurzeit im Hotel befinden.

Doch niemand weiß etwas von einem blauen Karton, niemand will ihn gesehen oder gar in der Hand gehabt haben. Es gibt also nur eine Lösung – der Karton ist gestohlen worden.

Und noch eines ist sicher: Es muss jemand aus dem Haus gewesen sein, denn alle Ein- und Ausgänge sind abgesperrt.

Wer hat den blauen Karton gestohlen?

Herr Petersen sieht keine andere Möglichkeit, als den Direktor zu verständigen. Unverzüglich macht er sich auf den Weg in den vierten Stock, wo sich Direktor Horn zurzeit in seinem Privatbüro aufhält.

Koch: Guten Tag, Herr Direktor!

Direktor: Guten Tag, Petersen … Na, was ist denn mit Ihnen los?

Koch: Herr Direktor, ich möchte Sie bitten, die Polizei zu verständigen.

Direktor: (überrascht) Die Polizei? Ja, aber warum denn?

Koch: Mir ist soeben etwas gestohlen worden. Ein sehr teurer Besteckkasten …

Direktor: (fassungslos) Gestohlen? Machen Sie keine schlechten Witze, Petersen.

Koch: Mir ist nach allem anderen als nach schlechten Witzen zumute, Herr Direktor. Es muss jemand aus dem Haus gewesen sein. Erstens sind die Türen abgeschlossen, und selbst wenn ein Fremder eingedrungen wäre, würde er wohl nicht in den finstersten Winkeln suchen.

Direktor: (erregt) Mann … Petersen … ich kann doch nicht zwei Tage vor Saisoneröffnung die Kriminalpolizei ins Haus holen. Wissen Sie, was so etwas bedeutet?

Koch: Aber was soll ich tun? Der Besteckkasten hat über dreihundert Mark gekostet … es ist ein Hochzeitsgeschenk für meine Schwester. Sie heiratet nächste Woche.

Direktor: (entschlossen) Ich rufe Carsten Quinner an. Wozu haben wir einen Hoteldetektiv …

Koch: (misstrauisch) Und wenn er nicht zu Hause ist?

Direktor: (wählt) Dann können wir immer noch weitersehen …

Quinner: (durch Verzerrer) Hier Quinner!

Direktor: Hallo, Herr Quinner, Gott sei Dank, dass sie zu Hause sind. Sie müssen sofort ins Hotel kommen …

Quinner: Sind denn schon Gäste da? Ich denke, am Montag geht es erst los.

Direktor: Wir brauchen Sie aber sofort. Man hat hier etwas gestohlen.

Quinner: In zehn Minuten bin ich da!

Direktor: Fein. Versuchen Sie, es in acht zu schaffen …
(auflegen)
Nun beruhigen Sie sich, Herr Petersen. Quinner wird die Sache in die Hand nehmen. Einen Besteckkasten kann man schließlich nicht zwischen zwei Buchseiten verstecken …

Knappe zehn Minuten später trifft Carsten Quinner ein. Seit sieben Jahren steht er dem Hotel »Seeblick« während der Saison als Hoteldetektiv zur Verfügung.

Und Carsten Quinner hat Erfahrung. Seine Anordnungen sind knapp und präzise, auch als er verlangt, dass sich alle Anwesenden in der Bar zu versammeln haben.

Quinner selbst hat es sich im angrenzenden Rauchsalon bequem gemacht.

Chefkoch Petersen ist der Erste, der ihm gegenübersitzt, während die anderen in der Bar auf ihre Vernehmung warten.

Quinner: Sie sind also aus der Stadt gekommen. Können Sie sich noch an die Uhrzeit erinnern.

Koch: (nachdenklich) Es muss kurz nach zwei Uhr gewesen sein, denn als ich aus dem Omnibus stieg, hat es gerade zwei geschlagen.

Quinner: Sie sind gleich zur Küche gegangen?

Koch: Ja. Das heißt, da war noch etwas, aber ...

Quinner: Versuchen Sie sich zu erinnern. Jede Kleinigkeit kann uns weiterhelfen.

Koch: Als ich durch die Halle ging, sah ich, dass der Hörer in der Anmeldung nicht auf der Gabel lag.

Quinner: Es hat also jemand telefoniert?

Koch: Das ist es ja eben. Die Halle war leer und weit und breit niemand zu sehen. Ich hab' den Hörer genommen und gefragt, ob jemand da ist. Als sich aber niemand gemeldet hat, hab' ich den Hörer auf die Gabel zurückgelegt.

Quinner: Haben Sie auch hinter den Schanktisch gesehen?

Koch: (erstaunt) Nein. Auf diese Idee bin ich nicht gekommen.

Quinner: Es ist anzunehmen, dass der Dieb gerade telefoniert hat, als Sie aus der Stadt zurückgekommen sind. Er hat den Hörer nicht auf die Gabel gelegt, um das Gespräch fortzusetzen. Erzählen Sie weiter.

Koch: Ich bin ohne Aufenthalt zur Küche hinuntergegangen. Vorher hab' ich den Karton auf den Servierwagen an der Treppe gelegt.

Quinner: Wie lange sind Sie in der Küche geblieben?

Koch: Vielleicht eine Viertelstunde ... ich kann es wirklich nicht mehr genau sagen. Als ich zurückkam, war der Karton verschwunden.

Quinner: Und während Sie suchten, ist die Kaltmamsell Anna gekommen.

Koch: Stimmt!

Quinner: Jetzt eine sehr wichtige Frage, Herr Petersen, hören Sie mir bitte genau zu. Wer außer Ihnen weiß, dass sich in dem Karton ein Besteckkasten befindet? Überlegen Sie genau, bevor Sie antworten.

Koch: (bestimmt) Da brauche ich nicht lange überlegen. Außer dem Direktor und Ihnen weiß im ganzen Haus kein Mensch etwas davon.

Quinner: Schön. Ich werde mir jetzt erst einmal die anderen vorknöpfen. Schicken Sie mir doch bitte die Kaltmamsell herein.

Die Kaltmamsell Anna lässt keinen Zweifel daran aufkommen, dass ihr die Vernehmung nicht passt. Ihre finstere Miene spricht Bände.

Quinner: Anna, Sie brauchen hier nicht die gekränkte Leberwurst zu spielen. Sie wissen, dass etwas gestohlen wurde und somit jeder verdächtig ist.

Mamsell: (erbost) Wieso soll ich verdächtig sein? Ich habe diesen komischen Karton ja nicht mal gesehen. Als ich Herrn Petersen traf, war er ja schon verschwunden.

Quinner: Sie haben den roten Karton also nie zu Gesicht bekommen?

Mamsell: Nein ... wieso rot?

Quinner: Ach, war er das nicht? Eine andere Frage. Was wissen Sie über das Telefon in der Anmeldung?

Mamsell: Was soll ich denn darüber wissen; dass dort eins steht? Ja, das weiß ich!

Quinner: (streng) Fräulein Anna, noch führe ich die Untersuchung hier. Ich kann Ihnen versichern, dass die Kriminalpolizei nicht so zimperlich mit Verstockten umgeht ... Als Petersen in die Halle kam, lag der Hörer neben dem Apparat. Es muss also jemand telefoniert haben, und um zu vermeiden, dass Petersen ihn sieht, hat er den Hörer danebengelegt und sich hinter der Verkleidung des Schanktisches versteckt. Waren das – nicht zufällig – Sie??

Mamsell: (fährt auf) Ich?? (leise) Ich war es nicht ... aber ...

Quinner: Aber?

Mamsell: (flüstert) Er wird sagen, ich hätte ihn verpetzt ... der Peter hat an der Anmeldung telefoniert.

Quinner: (erstaunt) Peter ... unser Boy?

Mamsell: Ja ...

Quinner: Wissen Sie, mit wem er telefoniert hat?

Mamsell: Nein ... aber ich habe etwas gehört ... ob es mit der Sache zu tun hat ... ich glaube nicht.

Quinner: Und was war das?

Mamsell: Er hat zu jemand gesagt, dass er es sich schnappen wollte, und dann würden sie sich wo treffen. Wo, das habe ich nicht verstanden.

Quinner: Na schön. Das wär's fürs Erste. Schicken Sie mir jetzt bitte den Peter herein.

Peter: (trotzig) Ich habe den Karton nicht genommen, Herr Quinner.

Quinner: (behutsam) Das behauptet ja auch niemand, Peter. Aber du gibst doch zu, dass du in der Halle warst, als Herr Petersen zurückkam.

Peter: (zögernd) Ja …

Quinner: Und was hast du da gemacht? Hast du Staub gewischt – oder etwas heruntergetragen?

Peter: Ich …

Quinner: Oder hast du vielleicht telefoniert?

Peter: (aufgebracht) Das hat Ihnen die Mamsell erzählt, und sie hat mir versprochen, dass sie es niemand sagt …

Quinner: Und als Herr Petersen die Halle betrat, hast du ein bisschen U-Boot gespielt, stimmt's?

Peter: (gedrückt) Ja, weil man doch jedes Gespräch eintragen muss … und …

Quinner: Was hatte Herr Petersen in der Hand, als er die Halle betrat?

Peter: Das habe ich nicht gesehen … ich bin doch … ich meine, ich habe mich geduckt.

Quinner: Und mit wem hast du telefoniert?

Peter: Mit Butze – das ist mein Freund.

Quinner: Hast du sonst noch jemand in der Halle gesehen?

Peter: Niemand – nur die Anna, die ist …

Quinner: Das weiß ich. Nur noch eine Frage, Peter. Was wolltest du dir schnappen.

Peter: Das verstehe ich nicht, Herr Quinner.

Quinner: Hast du deinem Freund nicht gesagt, dass du irgendetwas schnappen wolltest?

Peter: Das hat aber doch nichts mit hier zu tun.

Quinner: Ich glaube dir, Peter. Du kannst jetzt wieder zu den anderen gehen. Schick mir bitte den Etagenkellner Friedrich herein …

Quinner: Sie werden es ja inzwischen erfahren haben, dass ein Karton verschwunden ist. Was wissen Sie von der Sache, Herr Friedrich?

Friedrich: Genauso viel wie Sie und die anderen – nichts. Außerdem liegt mir die Farbe Blau nicht, hahahahaha ...

Quinner: Nun, ich finde diesen Diebstahl gar nicht so lustig. Wenn ich richtig informiert bin, waren Sie doch um die fragliche Zeit auch hier unten in der Halle.

Friedrich: Ich habe keine Ahnung, was hier als »fragliche Zeit« angesehen wird. Ich war heute schon mehrere Male in der Halle.

Quinner: Die fragliche Zeit ist die Zeit zwischen 14 Uhr und 14 Uhr 30.

Friedrich: Möglich, dass ich da hier unten war ... nein, sogar bestimmt. Ich habe einige Zeitungen aus dem Rauchsalon geholt.

Quinner: Wozu?

Friedrich: Dreimal dürfen Sie raten, was man mit Zeitungen macht.

Quinner: (unbeirrt) Mit anderen Worten, Sie haben sich die Zeitungen zum Lesen geholt.

Friedrich: Sie sagen es, lieber Herr Quinner.

Quinner: Und Sie haben den bewussten blauen Karton nicht gesehen?

Friedrich: Weder den Karton noch Herrn Petersen habe ich gesehen. Vielleicht existiert die ganze Geschichte nur in der Einbildung unseres Chefkochs ...

Quinner: Das wäre auch eine Lösung ... nur nicht die richtige ... Sie können gehen.

Friedrich: Auf mein Zimmer?

Quinner: Nein, in die Bar.

Friedrich: Und wie lange sollen wir uns da noch langweilen?

Quinner: Bis wir den Täter gefunden haben. Außerdem gibt's auch in der Bar einen Zeitungsständer ...

Friedrich: (verärgert) Das ist wirklich …
Quinner: (unterbricht) … nett von Ihnen, dass Sie mir den Mixer schicken wollen …

Nach dem Mixer kommt Katja, das Zimmermädchen, nach Katja der zweite Koch, Hannes Baier, und als Letzte schließlich die alte Emilie. Mit ihr hat es Herr Quinner besonders schwer, denn Emilie ist nicht nur sehr alt, sie hört und sieht auch nicht mehr besonders gut. Manche Frage muss der Detektiv dreimal wiederholen. Emilie gehört seit 38 Jahren zum Personal von Hotel »Seeblick«. Sie weiß nur zu berichten, dass Peter ihr eifrig beim Serviettenfalten geholfen hat. Es ist fast 16 Uhr, als Carsten Quinner die erste Verhörrunde abschließt. Niemand der Befragten hat etwas gesehen, niemand fühlt sich schuldig, niemand äußert einen Verdacht.

Zum allgemeinen Verdruss müssen alle nach wie vor in der Bar bleiben. Der einzige Lichtblick sind die vom Chefkoch Petersen servierten belegten Brote. Bis 17 Uhr untersucht Quinner das Erdgeschoss und die zwei nächsten Stockwerke. Um 17 Uhr zehn lässt er Herrn Petersen rufen, der gerade eine Kanne Kaffee in die Bar trägt …

Koch: Eine Hochstimmung ist da drin nicht gerade …
Quinner: In eine Diebstahlsaffäre verwickelt zu sein, ist auch nicht gerade angenehm.
Koch: Das Zimmermädchen Katja kommt mir reichlich nervös vor.
Quinner: Wir werden ja sehen. Ich fange jetzt mit dem zweiten Verhör an.
Koch: (erstaunt) Aber Sie haben doch schon alle vernommen.

Quinner: Richtig. Aber erst beim zweiten Mal stellt sich heraus, inwieweit sich die Aussagen mit denen vom ersten Mal decken.

Koch: (windet sich) Mir beginnt die Sache jetzt schon langsam peinlich zu werden.

Quinner: Wieso peinlich?

Koch: Weil es sicher nur einen Schuldigen gibt. Die anderen müssen alle darunter leiden.

Quinner: So ist das nun mal eben. Für Sie habe ich eine besondere Aufgabe, Herr Petersen.

Koch: Für mich?

Quinner: Sie fahren jetzt in den sechsten Stock und unterziehen die Zimmer des Personals einer kurzen Untersuchung. Vielleicht finden Sie etwas, ein Stück Papier von der Verpackung, ein Stück Schnur. Natürlich kann der Karton auch als Ganzes versteckt sein, aber ich glaube es nicht.

Koch: Ebenso könnte es aber auch zwischen dem dritten und fünften Stock versteckt worden sein.

Quinner: Könnte es. Aber schließlich kann man nur eins nach dem anderen machen. Außerdem habe ich das Gefühl, dass der Täter bald einen Fehler machen wird.

Als Herr Petersen den Rauchsalon verlassen hat, beginnt Carsten Quinner eifrig zu hantieren.

Niemand hat bisher das Tonbandgerät gesehen, das er nun unter dem massiven Rauchtisch hervorholt. Nachdenklich schaut er auf das Gerät, während er das Band zurückspulen lässt. Kleine Papierfetzen zeigen an, wer an den verschiedenen Abschnitten zu hören ist.

Fünf Minuten später beginnt die Mühle des Verhörs aufs Neue. Diesmal ist es das Zimmermädchen Katja, das er als Erste hereinbittet …

Quinner: Nehmen Sie bitte wieder Platz, Fräulein Katja.

Katja: Aber ich habe doch schon alles gesagt, Herr Quinner. Mehr weiß ich bestimmt nicht.

Quinner: Da ich den Täter oder die Täterin noch nicht ausfindig gemacht habe, muss ich eben noch einmal von vorn beginnen. Also – Sie haben vorhin gesagt, dass Sie sich in Ihrem Zimmer befanden und eine Servierschürze ausbesserten.

Katja: Ja, das habe ich wohl gesagt.

Quinner: Was heißt das: Das habe ich wohl gesagt? Haben Sie ausgebessert oder nicht?

Katja: (leise) Ja, ich habe eine Schürze ausgebessert.

Quinner: Dann möchte ich Sie bitten, die ausgebesserte Schürze herunterzuholen.

Katja: Ich …

Quinner: Ich bitte darum, Fräulein Katja.

Katja: Ich … (flüstert) Ich habe gelogen, Herr Quinner …

Quinner: Na schön – was haben Sie nun wirklich gemacht?

Katja: Ich habe geschlafen.

Quinner: Geschlafen? Warum haben Sie mir das denn nicht vorhin gesagt?

Katja: Weil es dann vielleicht die Anna erfahren hätte – ich sollte ihr nämlich in der Küche helfen Gewürze sortieren … Sie wollte mich damit ärgern … wir mögen uns nicht besonders. Und da habe ich ihr gesagt, dass ich Schürzen ausbessern muss.

Quinner: Und statt Schürzen auszubessern, haben Sie sich aufs Ohr gelegt …

Katja: (verschämt) Ja …

Quinner: Dafür haben Sie natürlich keinen Zeugen … Oder hat jemand zu Ihnen hereingesehen?

Katja: Wenn ich schlafe, höre ich nichts …

Quinner: Hm ... Sie hätten natürlich ebenso gut in die Halle gehen können ...

Katja: (erschrocken) Aber Herr Quinner, Sie werden doch nicht denken, dass ich den Karton gestohlen habe?

Quinner: Zunächst glaube ich noch gar nichts. Aber bis ich es weiß, ist nur noch eine Frage der Zeit. Sie können gehen, Katja. Ich möchte gern den Peter sehen ...

Fast zwanzig Minuten lang verhört Carsten Quinner den Hotelboy Peter, der immer nervöser wird. Doch seine Aussagen decken sich haargenau mit denen vom ersten Verhör. Es ist inzwischen 18. 15 Uhr geworden. Als Quinner Peter zurückschicken will, bittet dieser ihn:

Peter: (gedrückt) Bitte, Herr Quinner, darf ich mal ins Bügelzimmer gehen und mir mein Buch holen?

Quinner: Seit wann liest du denn im Bügelzimmer?

Peter: Ich habe doch der Emilie bei den Servietten helfen müssen. Und in der Zeit, wo sie gebügelt hat, habe ich gelesen.

Quinner: Meinetwegen. Vorher schickst du mir aber noch den Etagenkellner Friedrich herein.

Peter: Ja, Herr Quinner ...

Friedrich: ... also langsam kommt mir die Sache kindisch vor. Seit Stunden hocken wir jetzt da in der Bar ...

Quinner: Wollen Sie die Untersuchung führen, Herr Friedrich. Nur zu. Angenehm ist diese Angelegenheit auf keinen Fall.

Friedrich: (lenkt ein) Das sehe ich ja ein ...

Quinner: Also, dann machen Sie mir bitte keine Schwierigkeiten. Jetzt erzählen Sie mir bitte noch einmal, was Sie im Rauchsalon zu suchen hatten.

Friedrich: Ich hab's Ihnen doch schon gesagt, ich habe die alten Zeitungen ausgetauscht.

Quinner: Bitte? Was haben Sie eben gesagt?

Friedrich: Ich habe die alten Zeitungen ausgetauscht.

Quinner: Bei Ihrem ersten Verhör haben Sie gesagt, dass Sie sich Lesestoff haben holen wollen.

Friedrich: (aggressiv) Da haben Sie sich eben verhört ... Das habe ich bestimmt nicht gesagt.

Quinner: Sie bleiben also dabei, dass Sie alte Zeitungen ausgetauscht haben?

Friedrich: Ich kann mich an nichts anderes erinnern.

Quinner: Wir wollen mal sehen, Herr Friedrich.

Nach wenigen Handgriffen hat Carsten Quinner die betreffende Stelle gefunden. Fast unbeteiligt sieht ihm der Etagenkellner zu. Und dann läuft das Band:

Quinner: ... die fragliche Zeit ist die Zeit zwischen zwei und halb drei ...

Friedrich: Möglich, dass ich da hier unten war ... nein, sogar bestimmt. Ich habe einige Zeitungen aus dem Rauchsalon geholt.

Quinner: Wozu?

Friedrich: Dreimal dürfen Sie raten, was man mit Zeitungen macht.

Quinner: Mit anderen Worten, Sie haben sich die Zeitungen zum Lesen geholt.

Friedrich: Sie sagen es, lieber Herr Quinner.

Quinner schaltet das Bandgerät aus und blickt erwartungsvoll auf Friedrich.

Quinner: Na, was sagen Sie nun?
Friedrich: Na schön, da habe ich mich eben geirrt. Ist ja auch nicht so wichtig.
Quinner: Nachdem Sie die Zeitungen also aus dem …

Auf die Sekunde genau zu diesem Zeitpunkt macht Herr Petersen bei seiner Suche in den Wohnräumen der Angestellten eine entscheidende Entdeckung – wie er glaubt. Er will gerade das Zimmer des zweiten Kochs, Hannes Baier, verlassen, als sein Blick auf den Kleiderschrank fällt. Nur knapp einen Zentimeter breit lugt etwas unter dem Schrank hervor. Es ist von leuchtend blauer Farbe …

Petersen bückt sich und zieht daran … Einen Atemzug lang stutzt er und sieht bestürzt auf das blaue Packpapier. Es gibt keinen Zweifel. Das ist das Papier, in dem der Karton eingepackt war.

Doch Petersen hat keine Zeit zu langen Betrachtungen, denn in diesem Augenblick hört er etwas … Es klingt wie das Klappen einer Tür … aber wie kann eine Tür klappen, wenn alle unten in der Bar versammelt sind. Mit einem Satz ist der Chefkoch an der Tür … seine Hand tastet nach dem Lichtschalter … tiefe Dunkelheit umgibt ihn … Geräuschlos stößt er die Tür auf und blickt auf den Gang … und da sieht er ihn. Den Schatten, der in diesem Augenblick die Treppe erreicht … die dicken Läufer schlucken jedes Geräusch. Petersen lässt das Papier fallen und hastet auf Zehenspitzen hinterher … Als er abwärts sieht, kann er nur eine Hand erkennen, die auf dem Geländer in fliegender Hast nach unten rutscht. Petersen verzichtet jetzt auf jede Geräuschlosigkeit und springt in riesigen Sätzen die Stufen hinunter … vierter Stock … dritter Stock … dann sind sie im Erdgeschoss … Petersen erkennt jetzt den Schatten, als er unter der Lampe am Küchengang entlanghastet. Der Flüchtende hat bereits das Fenster zum Hinterhof geöffnet, als Petersen ihn erreicht.

Petersen: (atemlos) Halt … wo willst du hin, Peter?

Carsten Quinner und der Etagenkellner Friedrich fahren erschrocken zusammen, als plötzlich mit Donnern die Tür aufgerissen wird und der wutschnaubende Petersen hereinstürzt, den blassen Peter vor sich her schiebend.

Quinner: (überrascht) He, Petersen – was ist denn los?
Koch: (schwer atmend) Ich war oben und habe Baiers Zimmer durchsucht, als ich draußen ein Geräusch hörte. Ich bin zur Tür und habe gerade noch einen Schatten in Richtung Treppe laufen sehen. Ich bin sofort hinterher und hab' ihn erwischt, als er eben im Begriff war, durchs Fenster in den Hinterhof zu verschwinden.
Quinner: Na, Peter … was sagst du dazu?
Peter: (trotzig) Ich habe nichts gestohlen …
Quinner: Und wo wolltest du hin?
Peter: Ich wollte zur alten Buhne … Um halb sieben wollten wir uns da treffen.
Quinner: Butze und du?
Peter: Ja, und Heini. Und ich musste doch vorher noch sehen, dass ich an das Luftgewehr komme, das Vater im Schuppen eingeschlossen hat …
Quinner: Ist es das, was du »schnappen« wolltest?
Peter: Ja …
Quinner: Und was wolltet ihr mit einem Luftgewehr im Dunkeln an der Buhne?

Peter: (stolz) Wir schießen nach brennenden Kerzen!

Quinner: (amüsiert) Ein ulkiger Sport.

Peter: Und wenn ich nicht komme, behaupten sie, ich wäre ein Feigling.

Quinner: So ... sagen sie das?

Friedrich: Sie werden doch hoffentlich dem Bürschchen nichts glauben.

Koch: Da ist aber noch was, Herr Quinner – ich habe das Packpapier vom Karton gefunden.

Quinner: (verdutzt) Sie haben das Packpapier gefunden?

Koch: Ja, es ist merkwürdig ... es lag unter dem Kleiderschrank von Hannes Baier ...

Friedrich: (erbost) Da haben Sie den Salat. Entweder hat der saubere Koch das Paket gestohlen oder dieser Bengel. Er hat dem Koch einfach das Packpapier unter den Schrank geklemmt.

Koch: So könnte es gewesen sein.

Quinner: So könnte es gewesen, ja ... aber auch nicht ...

Friedrich: Und wir werden verdächtigt, pausenlos verhört und müssen uns noch einiges gefallen lassen. Als ob unsereiner Interesse an einem Besteckkasten hätte.

(Tür wird geöffnet)

Direktor: Na, Herr Quinner, wie weit sind Sie? Haben Sie den Dieb noch nicht?

Quinner: Doch. Ich überlege nur noch, ob ich dem Dieb noch eine Chance geben soll oder ob ich gleich die Polizei rufe.

So weit der »Fall Nummer 5« mit dem Titel:
Der blaue Karton.

Wer entwendete den blauen Karton?

Wer die Vernehmungen aufmerksam verfolgt hat, müsste es ebenso wissen wie Carsten Quinner. Denn der Täter (Täterin) verriet sich selbst durch einen leichtsinnigen Fehler.

Wer knackt die Nuss?

Fall Nummer

6

Die Sache mit den Briefmarken

DIE PERSONEN:

Lauff, Kriminalkommissar
Mende, Kriminalassistent
Herr *Bärmann*
Herr *Fellner*
Herr *Kosel*
Frau *Lunquist*
Herr *Köhler*
Beamter
Postbeamter
Fahrer
Fräulein

DIE SCHAUPLÄTZE:

Das Haus des Herrn Bärmann
Eine Halle auf dem Flugplatz
Eine Schalterhalle des Bahnpostamtes
Eine Straße

Diese Geschichte beginnt an einem Freitagabend, kurz nach 18 Uhr, als ein kleiner quittengelber Postwagen vor dem Grundstück Leinstedter Chaussee 117 abbremst.

Wenige Sekunden später drückt ein Postbeamter auf den Klingelknopf an der Gartentür und wieder wenige Sekunden später wird die Tür durch einen elektrischen Kontakt geöffnet. Rasch durchquert der Postbeamte den Vorgarten und kommt gerade in dem Augenblick vor der Haustür an, als diese sich auftut.

Postbeamter: Guten Abend. Sind Sie Herr Bärmann?
Bärmann: Ja, der bin ich.
Postbeamter: Bitte, ein Telegramm für Sie!
Bärmann: (überrascht) Ein Telegramm? ... Danke ...

Während der Beamte das Grundstück verlässt, geht Bärmann kopfschüttelnd ins Haus zurück. Er öffnet den braunen Umschlag, stutzt und geht dann schnell auf den Telefonapparat zu, der auf einer kleinen Wandkonsole steht.

Bärmann wählt und wartet.

Endlich meldet sich jemand ...

Bärmann: Hallo, Doktor – – – hier ist Bärmann ... ich muss Sie leider enttäuschen, aber aus unserer heutigen Schachpartie wird leider nichts ... – – wie bitte? – – nein, nein. Ich habe soeben ein Telegramm meines Bruders bekommen. Er landet um 19 Uhr auf dem Flughafen ... er kommt aus Zürich ... ja, es ist merkwürdig. Gestern am Telefon sagte er mir, dass er erst nächste Woche hierherkäme ... oh ja, es tut mir leid wegen heute Abend ... aber er hat gebeten, dass ich ihn am Flughafen abhole ... Ich danke Ihnen, Doktor – also – bis zur nächsten Woche ... Besten Dank ...

Um 18 Uhr 30 verlässt Herr Bärmann das Haus. Er holt seinen Wagen aus der Garage und fährt in Richtung Flughafen davon ...

Ein leiser Nieselregen hat eingesetzt, sodass die Reifen des Wagens eine schwarze Spur auf dem nassen Asphalt hinterlassen. Eine Viertelstunde vergeht ... Während dieser fünfzehn Minuten klingelt im Haus Leinstedter Chaussee 117 mehrere Male das Telefon ...

Es ist inzwischen 18 Uhr 48 geworden. Von der Linkestraße kommend, biegt eine dunkle Limousine in die Leinstedter Chaussee ein. Vor dem Bärmann'schen Haus stoppt der Wagen sanft ab und biegt auf die Auffahrt zur Garage ein.

Der Motor wird abgestellt, ebenso plötzlich verlöschen die Lichter des Fahrzeuges. Einige Augenblicke vergehen, dann öffnet sich die Wagentür und ein Mann steigt aus. Er hat den Hut tief ins Gesicht gezogen und den Mantelkragen hochgeschlagen. Er geht langsam in Richtung des Gartentores. Nach einem vorsichtigen Blick in die Runde setzt er mit einem Satz über das niedere schmiedeeiserne Gartentor. Wenige Augenblicke später hat er die Haustür erreicht. Das leise Klirren eines Schlüsselbundes ist zu hören, und geräuschlos wird die Tür geöffnet und wieder geschlossen.

Ohne Licht zu machen, tastet sich der Eindringling mit einer verblüffenden Sicherheit durch die Diele zu einem Raum auf der rechten Seite.

Erst jetzt huscht ein feiner Lichtstrahl durch das Zimmer, bei dem es sich offensichtlich um ein Herrenzimmer handelt. Der abgedeckte Lichtstrahl einer Taschenlampe bleibt auf einem Bild an der Wand hängen. Es handelt sich um eine ausgezeichnete Spitzweg-Reproduktion.

Schritt für Schritt nähert sich der Fremde dem Bild. Die Taschenlampe zittert leicht in seiner Hand. Und dann geschieht es. Alles dauert nur wenige Minuten. Fast alles gleicht einem Spuk. Der Fremde nimmt das Bild von der Wand. Im Lichtschein sind die Umrisse eines in die Wand eingelassenen Safes sichtbar ... Abgezirkelt sind die Handgriffe des Fremden ...

Fünf Minuten vor 19 Uhr verlässt er wieder auf dem gleichen Weg schattengleich das Haus.

Nichts scheint von seinem Besuch zurückgeblieben zu sein.

Genau zehn Minuten später tritt Herr Bärmann an den Informationsschalter in der großen Halle ...

Bärmann: (durcheinander) Verzeihung, mein Fräulein. Mein Name ist Bärmann ...

Fräulein: Was kann ich für Sie tun, Herr Bärmann?

Bärmann: Ich habe heute ein Telegramm meines Bruders aus Zürich erhalten. Er kündigt mir darin seine Ankunft mit der 19-Uhr-Maschine an ... Leider war er nicht dabei ...

Fräulein: Wenn Sie sich bitte etwas gedulden wollen, will ich versuchen festzustellen, ob Ihr Herr Bruder für diese Maschine gebucht hatte.

Bärmann: Das wäre sehr nett von Ihnen ...

19 Uhr 25 verlässt Herr Bärmann kopfschüttelnd und nachdenklich den Flugplatz. Ohne seinen Bruder und mit der Versicherung, dass dieser überhaupt nicht für diese Maschine gebucht hat.

Kurz vor 20 Uhr betritt Herr Bärmann wieder seine Wohnung.

Er will gerade nach dem Telefon greifen, als sein Blick zufällig auf das Spitzweg-Bild fällt. Sekundenlang stutzt er... Fast wie hypnotisiert geht er darauf zu... vorsichtig hebt er das Bild herab... er sucht in seiner Tasche nach den Schlüsseln...

Als er wenig später nach dem Telefonhörer greift, ist sein Gesicht kreidebleich.

Herr Bärmann hat eine entsetzliche Entdeckung gemacht...

Bärmann: (erregt) Ich bin Ihnen sehr dankbar, Herr Kommissar, dass Sie gleich gekommen sind. Ich bin immer noch ganz außer mir.

Kommissar: Jetzt beruhigen Sie sich erst einmal, Herr Bärmann. Versuchen Sie einmal ganz nüchtern und sachlich nachzudenken. Man hat Ihnen also zwei Briefmarken gestohlen.

Bärmann: Ja. Zwei sehr kostbare. Es handelt sich um eine Sachsen-Dreier und eine Baden-Marke.

Kommissar: Wie viel sind die wert?

Bärmann: Du mein Gott, das kommt auf den Käufer an. Mein Bruder sagte jedenfalls, dass sie zusammen einen Wert von über zwanzigtausend Mark ausmachen.

Kommissar: Ganz ordentlich... (nachdenklich) Der Dieb muss also genau gewusst haben, dass Sie a) das Haus verlassen haben, b) dass Ihre Familie verreist ist, c) dass sich hinter dem Bild ein Wandsafe befindet, d) dass sich in diesem Safe kostbare Briefmarken befinden, und e) er muss sich im Großen und Ganzen sehr gut hier auskennen.

Bärmann: Dass ich das Haus verlassen habe, wusste außer Doktor Sander eigentlich niemand ... und meinem Bruder natürlich.

Kommissar: (schnell fragend) Doktor Sander??

Bärmann: Ja. Aber dieser Herr dürfte wohl über jeden Verdacht erhaben sein ... er ist 81 Jahre alt, also kaum das Alter für einen so umsichtigen Dieb und Einbrecher ... Wir spielen jeden Freitagabend zusammen Schach.

Kommissar: Ich habe Sie doch richtig verstanden: Sie haben das Haus auf Grund eines Telegramms verlassen.

Bärmann: Ja. Mein Bruder schickte mir aus Zürich ein Telegramm. Daraus entnahm ich, dass er um 19 Uhr landen würde und dass er Wert darauf legte, dass ich ihn am Flughafen abholte. Er ist Briefmarkenhändler und war zu einer Auktion in die Schweiz gefahren. Für ihn habe ich die beiden Marken aufbewahrt.

Kommissar: Und dann ist er mit der Maschine nicht mitgekommen, wenn ich Sie richtig verstanden habe.

Bärmann: Ja, so war es. Ich war völlig umsonst auf dem Flughafen. Er hatte auch gar nicht für diese Maschine gebucht, wie man mir Bescheid gab ...

Kommissar: Darf ich das Telegramm einmal sehen?

Bärmann: (hantiert/rascheln) Bitte!!

Kommissar: (betont) Habe ich mir es doch gedacht ...

Bärmann: Wieso? Ist was nicht in Ordnung?

Kommissar: Die Depesche ist an sich schon in Ordnung. Nur – ihr Aufgabeort ist nicht Zürich.

Bärmann: (verständnislos) Nicht Zürich?

Kommissar: Nein. Das Telegramm stammt hier aus der Stadt. Aufgabeort ist das Bahnpostamt.

Bärmann: (beschämt) Das hätte ich schließlich auch selbst sehen müssen.

Kommissar: Trösten Sie sich, Herr Bärmann. An das Nächstliegende denkt man oft zuallerletzt. Aber das hat auch seinen Vorteil. Es schränkt den Kreis der infrage kommenden Täter noch mehr ein.

(Klopfen an der Tür)

Bärmann: Herein!!

(Tür)

Kommissar: Das ist Herr Mende, mein Mitarbeiter ...

Bärmann: Guten Abend ...

Mende: Guten Abend, Herr Bärmann ...

Kommissar: Na, Mende, was gefunden?

Mende: Wir haben die Wagenspuren in der Garagenauffahrt untersucht. Herr Bärmann – fahren Sie noch mit Winterreifen?

Bärmann: Nein, ich habe normale Sommerreifen aufgezogen ... Warum fragen Sie?

Mende: Kann es sein, dass sich des Öfteren fremde Wagen Ihre Garagenauffahrt als Parkplatz aussuchen?

Bärmann: (entschieden) Nie! Das Tor zur Auffahrt ist den ganzen Tag und auch in der Nacht geschlossen. Allerdings ...

Kommissar: Was allerdings?

Bärmann: Als ich vorhin zum Flughafen fuhr, habe ich aus Zeitmangel auf das Verschließen verzichtet.

Mende: Das dürfte es sein, Herr Kommissar. Der Boden der Auffahrt ist durch den Regen etwas aufgeweicht und wir fanden zwei verschiedene frische Reifenspuren. Eine davon stammt von M + S-Reifen. Leider ein viel gebrauchtes Fabrikat.

Kommissar: Wir werden später noch darüber sprechen. Fahren Sie sofort zum Postamt am Bahnhof und versuchen Sie, den Beamten ausfindig zu machen, der dieses Telegramm entgegengenommen hat. Vielleicht besitzt er zufällig ein gutes Gedächtnis ...

Mende: In Ordnung, Herr Kommissar. Soll ich hierher zurückkommen?

Kommissar: Ja, ich werde hier warten.

(Schritte/Tür)

So, Herr Bärmann, jetzt wollen wir einmal ganz systematisch vorgehen. Wer weiß aus Ihrem Bekanntenkreis, dass sich unter dem Bild ein Safe befindet?

Bärmann: Eine ganze Menge ...

Kommissar: Wer weiß, dass sich zurzeit diese Briefmarken darin befanden?

Bärmann: (zögernd) Fast niemand ... da ist mein Schwager ...

Kommissar: Name und Anschrift?

Bärmann: Bert Köhler ... Er arbeitet als Auslandskorrespondent bei Seidel & Meiner ... Wohnen tut er in der Weißengasse 11.

Kommissar: Weiter!

Bärmann: Mein Teilhaber Fellner ... Seine Wohnung ist Lützenweg 42.

Kommissar: (schreibend) ... Lützenweg 42 ... ja?

Bärmann: Herr Kosel ... er ist ein Bekannter von mir. Seine Anschrift lautet: Hamburger Chaussee 20 oder 21, sonst wusste eigentlich niemand von der Sache ...

Kommissar: Denken Sie genau nach!

Bärmann: Nein, ich glaube nicht ... halt, da fällt mir ein. Frau Lunquist wusste auch davon. Sie ist eine Bekannte meiner Frau und sammelt leidenschaftlich Briefmarken ...

Kommissar: Handelt es sich da um das Installationsgeschäft Lunquist?

Bärmann: Ja ... ich habe ihr vorgestern die beiden Marken gezeigt.

Kommissar: Ihre Anschrift?
Bärmann: (windet sich) Das ist mir alles sehr peinlich ...
Kommissar: Herr Bärmann, wir dürfen keine Möglichkeit außer Acht lassen ... Also, wo wohnt die Dame?
Bärmann: Ihre Privatadresse ist wohl ... (widerwillig) Hölderlinstraße 18.
Kommissar: Diese Leute haben also von den Briefmarken gewusst. Die gleichen Leute kennen sich auch in den Örtlichkeiten hier aus.
Bärmann: Ich glaube schon.
Kommissar: Herr Bärmann: Wohnung und Safe sind mit einwandfreien Nachschlüsseln geöffnet worden. Das heißt also, dass es vorher dem Dieb oder der Diebin möglich gewesen sein muss, von den Originalschlüsseln Abdrücke zu machen. Welchen von den vier Personen wäre dies möglich gewesen?
Bärmann: Ja ... rein theoretisch allen vieren ... Aber das ist doch alles Unsinn ...
Kommissar: (unbeirrt) Also alle vier hätten irgendwann einmal zu einem solchen Abdruck kommen können ...
Bärmann: Ja – wenn Sie so fragen!
Kommissar: Wer von den vier Personen wusste, dass es sich um eine Sachsen-Dreier und eine Baden-Marke handelte?
Bärmann: Alle ... nein, Herr Kosel wusste es nicht. Zu ihm habe ich nur von dem Wert der Marken gesprochen.
Kommissar: Vorläufig letzte Frage: Wer wusste, dass sich Ihr Bruder derzeitig in der Schweiz aufhält?
Bärmann: Alle vier wussten es.
Kommissar: (sachlich) Ich fasse also die letzten beiden Fragen noch einmal zusammen: Ihr Schwager Herr Köhler, Ihr Teilhaber Fellner und Frau Lunquist wussten, dass es sich um eine Sachsen-Dreier und eine Baden-Marke han-

delte. Alle vier wussten ferner, dass sich Ihr Bruder in der Schweiz aufhält ...

Bärmann: So ist es ... aber ich glaube nicht, dass einer von diesen vieren etwas mit dem Diebstahl zu tun hat.

Kommissar: Für uns bleiben zunächst alle verdächtig. Was von diesem Verdacht übrigbleibt, wird sich im Laufe des Abends herausstellen.

Bärmann: (erschrocken) Was – Sie wollen heute noch ... zu dieser späten Stunde?

Kommissar: (lächelt) Man muss an den Spuren bleiben, solange sie noch heiß sind. Morgen früh könnte schon etliches zu spät sein ...

Bärmann: (resigniert) Dann muss ich mich wohl fügen. Ich bin nur froh, dass meine Frau mit den Kindern über das Wochenende verreist ist ...

Zur gleichen Zeit hat Kriminalassistent Mende auf dem Bahnpostamt den Beamten ausfindig machen können, der das bewusste Telegramm entgegengenommen hat ...

Beamter: Lassen Sie mich mal nachdenken ... nnnnja, ich glaube, ich kann mich an den Mann erinnern ...

Mende: Es war also ein Mann? ... keine Frau???

Beamter: (nervös) Sie bringen mich ganz durcheinander ... nein, es war ein Mann ... das heißt, mit einer Perücke, man liest ja so was heutzutage, könnte es auch eine Frau gewesen sein ...

Mende: (mit leichtem Spott) Könnten Sie den Fremden beschreiben?

Beamter: Hm ... er war dunkel ... nein, ich glaube, er war blond.

Mende: Nicht vielleicht doch schwarz?

Beamter: Er könnte natürlich auch schwarz gewesen sein ...

Mende: Ist Ihnen vielleicht sonst etwas aufgefallen Irgendwas Besonderes ...?

Beamter: (irritiert) Du lieber Himmel, er sah aus wie viele, die an den Schalter kommen.

Mende: Aber Sie würden ihn wiedererkennen?

Beamter: Das auf alle Fälle.

Mende: Na schön, das wär's fürs Erste. Besten Dank auch ...

Beamter: Nichts zu danken. Wenn ich der Polizei helfen kann, dann tue ich es auch ... jawohl ...

21 Uhr 10 verlässt Kriminalassistent Mende nach einem Telefongespräch mit Kommissar Lauff das Bahnpostamt. Er hat von seinem Chef einen Auftrag erhalten, der ihn sehr in Verwunderung setzt und über den er alles andere als entzückt ist. Als er den vor dem Postamt wartenden Dienstwagen besteigt, sagt er zu dem Fahrer:

Mende: Fahr in den Lützenweg, zu Fellner ...

Fahrer: Nummer?

Mende: 42 ... das ist der Teilhaber von diesem Bärmann ... (seufzt) Ideen hat der Chef manchmal ... Meiner Ansicht nach hat Fellner das doch nicht nötig ...

21 Uhr 25 hält der schwere Polizeiwagen vor der Hausnummer 42.

Der Lützenweg ist eine stille Seitenstraße, die genau zwischen dem Kastanienwall und der Ringstraße liegt. Kaum ein Laut ist um diese Zeit zu hören.

Im Obergeschoss der Villa sind zwei Fenster erleuchtet ... Assistent Mende wirft einen Blick nach oben ... da, wurde nicht die Gardine bewegt ... ein Schatten gleitet an einem der erhellten Fenster vorüber ... und ganz plötzlich verlöscht das Licht ... Nur die Straßenbeleuchtung wirft noch einen milchig-matten Schimmer auf die Hausfassade ...

Der Polizeibeamte will gerade auf den Knopf am Tor drücken, als sich die Haustür öffnet ...

Ein Herr tritt heraus. Er verschließt die Haustür sehr sorgfältig und nähert sich dem Gartentor ...

Sein Mantelkragen ist hochgeschlagen, sein Hut tief ins Gesicht gezogen ... Jetzt hat er den Kriminalassistenten erspäht ...

Fellner: (erstaunt) Wollen Sie zu mir?

Mende: Sind Sie Herr Fellner?

Fellner: Ganz recht, der bin ich.

Mende: Kriminalpolizei. Ich möchte Sie höflichst bitten, uns zu begleiten.

Fellner: (erschrocken) Kriminalpolizei? Aber was ist denn passiert?

Mende: Das will ich Ihnen gern sagen: Bei Ihrem Teilhaber, Herrn Bärmann, ist eingebrochen worden ... Mein Chef möchte Ihnen ein paar Fragen stellen ...

Fellner: Ich stehe Ihnen selbstverständlich zur Verfügung, obgleich ich nicht weiß, wie ich Ihnen helfen kann ... Tja, ich wollte gerade ein paar Schritte lang Luft schnappen ...

Mende: Ich hoffe, dass es nicht lange dauern wird, Herr Fellner ... Wir fahren dann in die Wohnung des Herrn Bärmann. Vorher muss ich allerdings noch woandershin. Bitte, steigen Sie ein ...

Anderthalb Stunden später, es geht bereits auf 23 Uhr zu, sitzen sich Kommissar Lauff und Herr Bärmann noch immer gegenüber ...

Bärmann: Wollen Sie mir denn nicht verraten, auf was Sie noch warten, Herr Kommissar?

Kommissar: Doch ... Ich erwarte jeden Augenblick meinen Assistenten zurück ... Ich habe sozusagen Ihre Einwilligung vorausgesetzt ... Er bringt nämlich ein paar Gäste mit.

Bärmann: (verständnislos) Gäste??

Kommissar: Sehen Sie, ich bin diesmal einen nicht ganz alltäglichen Weg gegangen ... auch Ihretwegen ... Hätte ich die Verdächtigen in ihren Wohnungen heute Abend verhört, so wäre allen Unschuldigen doch ein bitterer Nachgeschmack geblieben ... Deshalb habe ich meinen Assistenten beauftragt, die vier Verdächtigen hierher zu Ihnen zu bringen. Drei von ihnen sind auf alle Fälle unschuldig. Und es wird Ihnen sicherlich angenehm sein, wenn sich ihre Unschuld an Ort und Stelle herausstellt ... Es bereinigt die Situation Ihnen gegenüber ...

Bärmann: Sie sind also fest davon überzeugt, dass unter den vier Leuten, die ich Ihnen nannte, der Täter ... oder die Täterin zu suchen ist?

Kommissar: So ist es. Nur dieser kleine Personenkreis kommt für die Täterschaft infrage ... Ich hoffe, dass wir nicht mehr allzu lange warten müssen ...

Sie müssen es nicht. Bereits sieben Minuten später treffen Kriminalassistent Mende und die sogenannten Gäste ein. Herr Bärmann steht händeringend neben Kommissar Lauff, während die späten Gäste eintreten.

Kommissar: Bitte, meine Herrschaften, treten Sie ein ... Mende, Sie erledigen inzwischen das Weitere ...

Mende: In Ordnung, Herr Kommissar ...

Bärmann: Entschuldigt, meine Lieben, mir ist die ganze Angelegenheit äußerst peinlich ...

Kosel: (leutselig) Aber, ich bitte Sie, Herr Bärmann, was sein muss, muss eben sein ...

Frau Lunquist: Nur die Zeit ist ein wenig ungewöhnlich ...

Kommissar: (entschuldigend) Sie haben recht, gnädige Frau. Aber leider kann man sich in solchen Fällen die richtige Zeit nie aussuchen. Ich werde Sie jetzt über die Situation unterrichten. Und lassen Sie mich Ihnen sagen, dass ich der Überzeugung bin, dass alles in spätestens einer halben Stunde vorüber ist.

Frau Lunquist: Daraus entnehme ich, dass Sie bereits einen Verdacht haben?

Kommissar: Es tut mir leid, wenn ich zugeben muss, dass im Augenblick noch jeder von Ihnen verdächtig ist. Aber ich habe berechtigte Hoffnungen, dass der Verdacht auf dreien von Ihnen nur kurz ruhen wird ...

Fellner: Sie glauben, dass wir vor Mitternacht hier fertig werden, Herr Kommissar?

Kommissar: Das glaube ich bestimmt ... Es geht um Folgendes: Zwischen 18 und 19 Uhr drang jemand mit guten Nachschlüsseln in dieses Haus hier ein. Er nahm das Bild dort von der Wand und stahl etwas aus dem Safe ... (Atempause) Wir haben weder Fingerabdrücke noch sonstige Spuren gefunden.

Kosel: Das ist sehr bedauerlich.

Kommissar: Ja, Herr Kosel, das ist sehr bedauerlich, weil Ihnen allen sonst diese Prozedur erspart geblieben wäre.

Köhler: Was ist denn gestohlen worden?

Kommissar: Darüber werden wir gleich sprechen. Ich begebe mich jetzt hier in den kleinen Nebenraum …

Bärmann: Es ist das Musikzimmer …

Kommissar: Also in das Musikzimmer, und bitte Sie dann einzeln zu mir. Es werden nur wenige Fragen sein, die ich zu stellen habe … Vielleicht Herr Köhler zuerst …

Herrn Bärmanns Schwager ist also der Erste, der Rede und Antwort stehen soll. Übernervös folgt er Kommissar Lauff in das Musikzimmer …

Kommissar: Eine reine Routinefrage, Herr Köhler: Wo waren Sie zwischen 18 und 19 Uhr?

Köhler: In meinem Büro … Ich habe noch eine Reihe spanischer Briefe übersetzen müssen.

Kommissar: Zeugen dafür haben Sie?

Köhler: Selbstverständlich … Zunächst unsere beiden Putz … Verzeihung … unsere beiden Raumpflegerinnen.

Kommissar: Sie wussten, dass Ihr Schwager zwei sehr kostbare Briefmarken in dem Safe aufbewahrte?

Köhler: (entsetzt) Nun sagen Sie bloß, die beiden Marken sind gestohlen worden.

Kommissar: Genauso ist es …

Köhler: (tonlos) Das ist ja furchtbar … Sie gehörten doch seinem Bruder …

Kommissar: Ja. Sie wussten auch, dass Herrn Bärmanns Bruder zurzeit in der Schweiz weilt?

Köhler: Das wusste ich. Er hat uns ja auch aus Zürich eine Ansichtskarte geschickt …

Kommissar: Gut. Das wär's, Herr Köhler. Würden Sie mir jetzt bitte Herrn Kosel hereinschicken!

Köhler: Bitte ... gern, Herr Kommissar ...
(Schritte/Tür)
Herr Kosel ...
Kosel: Ah, bin ich jetzt dran ...
(Tür wird wieder geschlossen)
Na, Herr Kommissar, jetzt quetschen Sie mich mal richtig aus.
Kommissar: Nehmen Sie doch Platz ...
Kosel: Danke ...
Kommissar: Wie lange kennen Sie eigentlich Herrn Bärmann schon, Herr Kosel?
Kosel: Es werden wohl fünf Jahre her sein, dass wir uns während der Messe in Hannover kennengelernt haben ...
Kommissar: Können Sie sich auch noch erinnern, wo Sie gestern Mittag gewesen sind?
Kosel: (verwundert) Natürlich kann ich das. Ich war zu Hause ...
Kommissar: Dann werden Sie sich ja auch noch an heute Abend erinnern ... Zum Beispiel an die Zeit zwischen 18 und 19 Uhr?
Kosel: (lächelnd) Sie machen das sehr spannend ... Ich war im Kino.
Kommissar: In welchem?
Kosel: In der Schauburg.
Kommissar: Titel des Filmes?
Kosel: Wilde Erdbeeren. Ein schwedischer Film.
Kommissar: Haben Sie dafür Zeugen?
Kosel: Vielleicht kann sich die Platzanweiserin noch an mich erinnern.
Kommissar: Das ist vage ... Sie wissen noch nicht, dass Herrn Bärmann zwei kostbare Briefmarken gestohlen wurden?

Kosel: (überrascht) Was Sie nicht sagen. Etwa die Sachsen-Dreier und die Baden-Marke?

Kommissar: Ganz recht, diese. Woher wissen Sie denn das?

Kosel: Was?

Kommissar: Dass es sich um diese Marken handelt?

Kosel: Frau Lunquist erzählte mir neulich davon.

Kommissar: Aha ... na gut, das wäre im Moment alles. Ich hätte jetzt gern Herrn Fellner gesprochen. Wenn Sie so liebenswürdig wären ...

Kosel: Mach ich, Herr Kommissar ...

(Schritte/Tür)

Herr Fellner, Ihr Typ wird verlangt ...

Fellner: Ja ...

(Tür)

Kommissar: Nehmen Sie bitte Platz, Herr Fellner.

Fellner: (nervös) Danke ... vielen Dank ...

Kommissar: Um es kurz zu machen. Zwischen 18 und 19 Uhr wurden aus Herrn Bärmanns Safe zwei kostbare Briefmarken gestohlen. Sie kennen ja die Stücke.

Fellner: Vom Hörensagen, Herr Kommissar.

Kommissar: Sie haben die Stücke nie gesehen?

Fellner: Nein ... Ich bin kein Briefmarkensammler ... Sie interessieren mich nur zum Zwecke der Frankatur ...

Kommissar: Sie fahren einen Wagen?

Köhler: Ja.

Kommissar: Seit wann fahren Sie mit Winterreifen?

Fellner: Mit Winterreifen? Aber ich habe dieses Jahr noch gar keine aufziehen lassen ... warum fragen Sie?

Kommissar: Oh, nicht wichtig ... Wissen Sie noch, wo Sie heute zwischen 18 und 19 Uhr waren?

Fellner: (bedrückt) Diese Frage habe ich befürchtet ...

Kommissar: Wieso befürchtet?

Fellner: Es geht ja sicherlich um ein Alibi ... und da habe ich keines. Ich war spazieren ...

Kommissar: (ironisch) Sie gehen sehr oft spazieren?

Fellner: (eifrig) Jede Gelegenheit benutze ich dazu ... Da ich sonst sehr viel sitze und mein Herz ab und zu unerlaubte Sprünge macht, bin ich dazu gezwungen, mich so viel wie möglich zu bewegen ...

Kommissar: Und auf Ihrem heutigen Spaziergang hat Sie niemand gesehen?

Fellner: Niemand, den ich oder der mich kennen würde.

Kommissar: Das ist alles, Herr Fellner.

Fellner: Sie verhaften mich nicht?

Kommissar: Mit der Verhaftung wollen wir uns noch ein wenig Zeit lassen ...

(Schritte/Tür)

Frau Lunquist, dürfte ich Sie jetzt bitten.

(Schritte/Tür)

Bitte, machen Sie sich's bequem ...

Frau Lunquist: (neugierig) Danke ... aber jetzt sagen Sie mir doch endlich, was gestohlen wurde ...

Kommissar: Zwei Briefmarken ...

Frau Lunquist: (fassungslos) Die Sachsen-Dreier und die Baden-Marke?

Kommissar: Haarscharf erraten!

Frau Lunquist: Diese herrlichen Stücke ... es ist eine Schande ...

Kommissar: Sind Sie nicht selbst eine eifrige Briefmarkensammlerin?

Frau Lunquist: (enthusiastisch) Eifrig? Ich bin eine leidenschaftliche Briefmarkensammlerin ... Und ich muss gestehen, dass ich glatt in der Lage wäre, einen solchen Diebstahl auf mein sonst so reines Gewissen zu laden.

Kommissar: So ... das ist ja ein halbes Geständnis ...

Frau Lunquist: Aber eben nur ein halbes. Außerdem sagte ich: (betont) in der Lage wäre ... in diesem Fall scheint jemand noch leidenschaftlicher gewesen zu sein.

Kommissar: Sie glauben also, dass nur ein Briefmarkensammler einen solchen Diebstahl begehen könnte?

Frau Lunquist: Ja, Sie etwa nicht?

Kommissar: Ich könnte mir denken, dass jemand dringend Geld gebraucht hat. Schließlich sind die Marken doch ein kleines Vermögen wert – oder?

Frau Lunquist: (nachdenklich) Da haben Sie allerdings recht, daran hatte ich noch gar nicht gedacht ...

Kommissar: Eine wichtige Frage, liebe Frau Lunquist. Zu wem haben Sie von diesen beiden Marken gesprochen?

Frau Lunquist: (überzeugt, fest) Zu niemandem. Darauf möchte ich mein ganzes Installationsgeschäft verwetten. In solchen Dingen bin ich nicht sonderlich gesprächig ...

Kommissar: Gehen wir jetzt zu den anderen ... Wie ich höre, kommt mein Assistent auch schon ...

Von draußen hört man das Klappen von Autotüren. Während Kommissar Lauff mit Frau Lunquist zu den anderen zurückkehrt, geht Kriminalassistent Mende mit einem weiteren Herrn auf den Hauseingang zu ...

Fellner: Das ist ja schnell gegangen, Herr Kommissar ... (Flurglocke schellt)

Kommissar: Bitte, Herr Bärmann, das ist mein Assistent. Würden Sie ihn einlassen ...

Bärmann: Ja, gern ...

Kommissar: Meine Herrschaften, fassen Sie sich noch ein

bisschen in Geduld. Machen Sie es sich bequem, ich werde Sie sogleich aus Ihrer Ungewissheit befreien …
(heftig) Hallo, Herr Köhler, wohin …?

Köhler: Ich wollte nur ein wenig das Fenster öffnen …

Kommissar: Verzeihung, bitte tun Sie es …

Frau Lunquist: Kennen Sie nun den Dieb – oder kennen Sie ihn nicht, Herr Kommissar?

Kommissar: Einen Augenblick, gnädige Frau …

In diesem Moment kehrt Herr Bärmann in das Zimmer zurück. Auch Kriminalassistent Mende betritt mit ihm den Raum …

Mende: Alles in Ordnung, Herr Kommissar.

Kommissar: Dann wollen wir an den Schluss der nächtlichen Vorstellung gehen. Meine Herrschaften, wie ich Ihnen schon eingangs sagte, gehört der Täter – oder die Täterin – diesem kleinen, hier anwesenden Personenkreis an. Ich vermutete es und ich habe recht behalten. Manchmal bringen einen nur Kleinigkeiten auf so eine Spur … und so auch diesmal. Ich könnte nun einfach sagen: Sie sind verhaftet. Zunächst jedoch habe ich noch einen Zeugen hierherbringen lassen … Herr Bärmann wurde heute Abend durch ein fingiertes Telegramm zum Flugplatz gelockt. Während dieser Zeit hatten Täter oder Täterin genügend Zeit, die Marken zu holen … Mende, unseren späten Gast, bitte …

Assistent Mende wendet sich der Tür zu. Alle Augen folgen ihm, teils misstrauisch, teils voller Spannung. Man hört es förmlich im Raume knistern … Der Eintretende ist ein untersetzter Mann in mittleren Jahren. Durch dicke Brillengläser blicken ein paar lebhafte Augen … überfliegen die Anwesenden, bleiben für Sekunden an einem von ihnen hängen …

Der Mann trägt eine dunkelblaue Postschaffneruniform …

Kommissar: Dieser Herr ist Postbeamter, wie Sie sehen. Er nahm heute Abend das betreffende Telegramm entgegen. Bitte, sehen Sie sich in diesem Zimmer um. Ist die betreffende Person, die das Telegramm bei Ihnen aufgab, anwesend – oder nicht?

Beamter: Ja, Herr Kommissar, die Person ist darunter. Diese dort ist es!

Kommissar: Ich danke Ihnen … Ihnen allen danke ich, meine Herrschaften, für die Zeit, die Sie geopfert haben … Mende … führen Sie das schwarze Schaf ab.

Mende: Es ist mir ein Vergnügen, Herr Kommissar …

So weit Fall Nummer 6 mit dem Titel:
Die Sache mit den Briefmarken.

Vier Personen ließ Kommissar Lauff am späten Abend in die Wohnung des Herrn Bärmann bitten. Drei Herren und eine Dame.

Eine dieser vier Personen muss es gewesen sein, die sich Nachschlüssel anfertigte und sich damit Zugang zu Haus und Safe verschaffte.

Wer war es?

Wer stahl die beiden kostbaren Briefmarken?

Wer knackt die Nuss?

Wer knackt die Nuss?

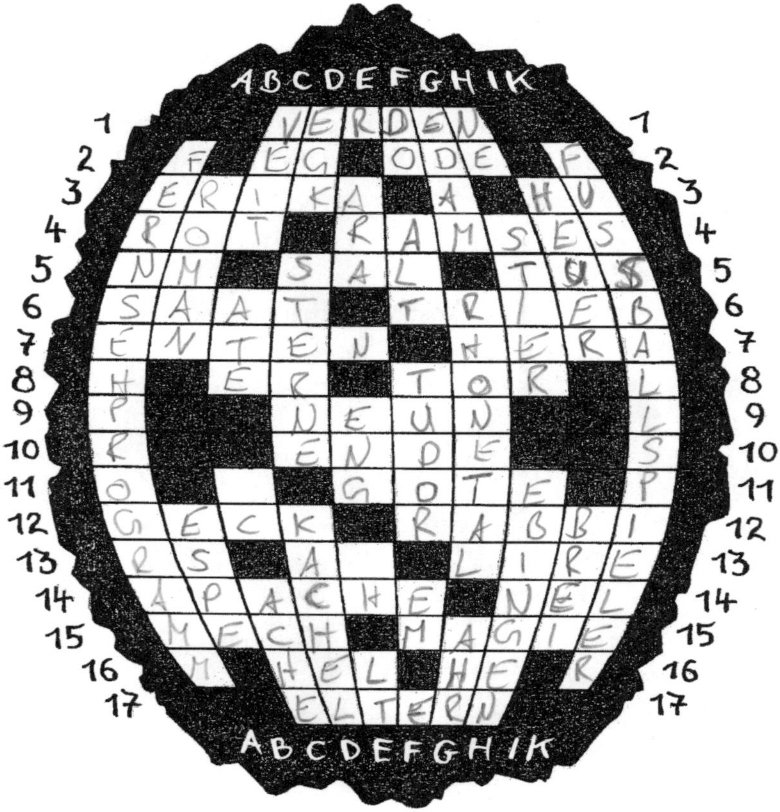

Wenn ihr das Kreuzworträtsel richtig ausgefüllt habt, könnt ihr anhand des Fragezeichens auf Seite 141 prüfen, ob ihr gute Detektive seid.

Waagrecht:	C1–H1	Ein Stadt an der Aller
	C2–D2	Es liegt unter dem 1. Stock (Abk.)
	F2–H2	Ein feierliches Gedicht
	A3–E3	Ein Heideblume – auch Mädchenname
	A4–C4	Ganz einfach: Weder schwarz noch grün, sondern …
	E4–K4	Pharaonen (Könige in Ägypten)
	D5–F5	Mit »ami« ist es eine Dauerwurst
	H5–K5	Abkürzung für »Turn- und Sportverein«
	A6–D6	Keine Ernte ohne sie
	F6–K6	Einmal im Jahr hat ihn jede Pflanze
	A7–E7	Mehrzahl eines Schwimmvogels
	G7–K7	Die Ehefrau des Herrn Zeus
	C8–D8	Nicht ich, nicht du, sondern …
	F8–H8	Was oft verschlossen ist
	D9–G9	Die wichtigste Zahl beim Kegeln
	D10–G10	Es kommt nach jedem Anfang
	E11–H11	Theoderich der Große war ein …
	A12–D12	Man wirft ihm Eitelkeit vor und nennt ihn …
	F12–K12	Ein sehr kluger Hebräer
	D13–E13	Es ist ein Faultier
	G13–K13	Altes italienisches Geld
	A14–F14	Der Blutsbruder Old Shatterhands war ein …
	A15–D15	Mit ›anik‹ ist es die Wissenschaft der Bewegung
	F15–K15	Zauberkunst
	C16–E16	Die germanische Göttin des Todes
	C17–H17	Deine allernächsten Verwandten
Senkrecht:	A2–A16	Die Konkurrenz des Rundfunkprogramms
	B3–B7	Eine lange Erzählung
	B12–B15	Zitterpappel
	C1–C4	Ein selten gewordener Männername
	C6–C8	Göttin der Verblendung
	C11–C12	Konsulatsbeamte haben es am Auto
	C14–C17	Es fließt und ist ein anderer Name für Fluss
	D1–D3	Ein moderner deutscher Komponist
	D5–D10	Sie stehen am Himmel
	D12–D17	Man findet »sie« in Bad und Küche
	E3–E5	Ein Papagei
	E9–E11	Nicht weit, sondern …
	F1–F2	Erster Ton der Tonleiter
	F4–F6	Nicht jung, sondern …
	F8–F12	Englisches Königshaus
	G1–G4	In dieser Stadt macht man Käse
	G6–G13	Eine der schönsten Gegenden Frankreichs
	G15–G17	Linker Nebenfluss des Rheins
	H4–H8	Man reizt ihn mit dem roten Tuch
	H11–H17	Kleine Stadt in Württemberg
	I3–I7	Die Seeleute brauchen sie
	I12–I15	Babys müssen ihn essen
	K2–K16	Hat man 11 von ihnen, ist die Mannschaft komplett

In die Felder des Fragezeichens tragt ihr 37 Buchstaben aus dem Kreuzworträtsel von Seite 138 ein.

Das Fragezeichen von oben nach unten gelesen nennt euch dann die Lösungen von Fall 1 bis Fall 6.

Fall 1: der Täter

Fall 2: der Täter

Fall 3: der Täter ist bekannt; gesucht werden die fünf Fehler, durch die er überführt werden konnte. Die Anfangsbuchstaben dieser fünf Fehler ergeben einen Begriff aus dem schnellen Sport.

Fall 4: der Täter

Fall 5: der Täter

Fall 6: der Täter

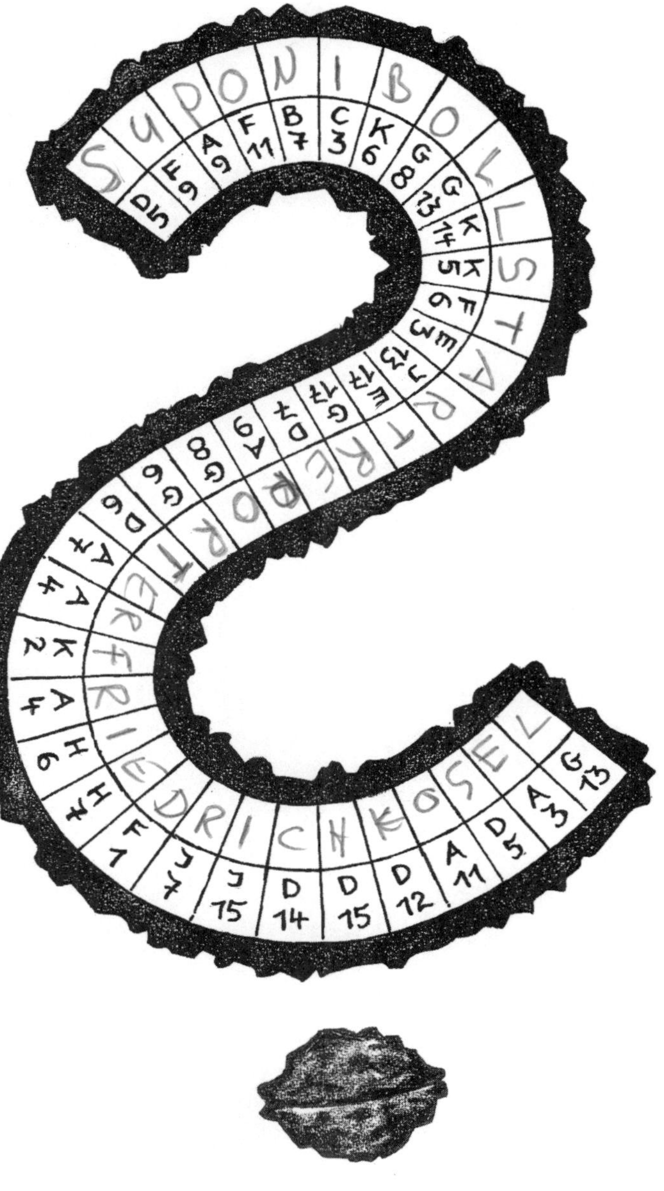

Wolfgang Ecke (1927 – 1983) war im Laufe seines Lebens als Dolmetscher, Matrose, Schmuggler, Kellner, Schlagzeuger, Behördenangestellter und Werbemanager und Reporter tätig. Diese Erfahrungen kamen ihm dann als Autor spannender Geschichten zugute. Er verfasste mehr als 600 Hörspiele und über 50 Bücher, hauptsächlich Krimis für Kinder und Jugendliche, die sich millionenfach verkauft haben. Die Reihe »Wer knackt die Nuss?« ist seit Jahrzehnten Kult und inzwischen ein Klassiker unter den Ratekrimis.